500

soupes

500

soupes

Susannah Blake

LES ÉDITIONS
PUBLISTAR
Une compagnie de Quebecor Media

Direction éditoriale : Marianne Canty
Direction artistique : Dean Martin
Maquette : Graham Saville
Iconographie : Ian Garlick
Consultant spécialisé : Wendy Sweetser
Suivi éditorial : Piers Spence

Première édition en 2007 par New Burlington Books,
6 Blundell Street, Londres N7 9BH
Sous le titre *500 soups*

© Quintet Publishing Limited, 2007.
© Éditions Minerva, 2008.© Éditions Publistar pour l'édition en langue
française au Canada, 2008.

Adaptation et réalisation de l'édition en langue française : Agence Media
Traduction : Hanna Agostini

Les Éditions Publistar
Groupe Librex inc.
Une compagnie de Quebecor Media
La Tourelle
1055, boul. René-Lévesque Est
Bureau 800 Montréal (Québec) H2L 4S5
Tél. : 514 849-5259
Téléc. : 514 849-1388

Dépôt légal–Bibliothèque et Archives nationales du Québec et
Bibliothèque et Archives Canada, 2008

ISBN : 978-2-89562-235-2

Imprimé en Chine.

Sommaire

Introduction	6
Soupes fraîches et glacées	18
Soupes « coup de fouet »	48
Crèmes et veloutés	78
Plats uniques	108
Soupes express	138
Soupes épicées	168
Entrées raffinées	198
Saveurs d'Asie	226
Notes fruitées	254
Table des recettes	284

Introduction

L'origine de la soupe est étroitement liée à la découverte du feu. Depuis cet événement majeur de notre histoire, les hommes ont cuisiné la soupe, des premiers bouillons obtenus en laissant mijoter des légumes dans un récipient d'eau jusqu'aux préparations modernes, plus gastronomiques. La soupe est universelle : la *zuppa* italienne, la *Suppe* germanique, la *ciorba* des Balkans, les soupes asiatiques et persanes, au-delà de leurs saveurs spécifiques, ont toutes en commun d'être des plats liquides, traditionnellement servis dans des bols.

La majorité des soupes sont cuites : la viande, la volaille, le poisson ou les légumes sont mijotés dans du bouillon. Mais il existe des recettes ne nécessitant pas de cuisson, c'est le cas du gaspacho espagnol ou des soupes au yaourt originaires du Moyen-Orient, pour lesquelles les ingrédients crus sont mixés en un velouté. Les soupes peuvent être légères et claires, comme le bouillon ou le consommé, ou bien riches et crémeuses, épaisses et nourrissantes, ou encore servies en potage comme les ragoûts. Si ce sont le plus souvent des plats salés, elles peuvent également être sucrées, comme les soupes au melon, à la cerise ou à la poire, et sont alors servies en petites quantités, pour le dessert par exemple.

Les combinaisons d'ingrédients pour cuisiner une soupe sont innombrables, et, si on y ajoute les épices et les herbes aromatiques, la variété des saveurs est inépuisable. Selon les traditions culinaires propres à chaque culture, la soupe se déguste à divers moments de la journée et de l'année, et sous diverses formes. En Asie, par exemple, elle est servie dès le petit déjeuner. Ailleurs, les soupes légères aux légumes se dégustent en collations très saines. Si certaines soupes forment un repas complet, les Occidentaux préfèrent les servir en entrée, pour ouvrir l'appétit. Au dîner, on apprécie les soupes légères, notamment les soirs d'hiver. En été, enfin, les soupes froides ou glacées constituent d'excellents rafraîchissements.

Nourrissantes et revigorantes, simples ou sophistiquées, toutes les variétés de soupes sont présentes dans ce livre. Des recettes exquises aux variantes originales, ce recueil est la preuve qu'il existe une soupe pour chaque occasion. Et pour chaque goût !

Les ustensiles

Il est très facile de cuisiner les soupes, et la gamme des ustensiles nécessaires est assez réduite.

Instruments de mesure : balance, verres doseurs et cuillères-mesure

La mesure précise des quantités est un critère essentiel de la réussite d'une recette. Ces ustensiles vous permettront de respecter scrupuleusement celles qui sont indiquées.

Planche à découper et couteaux

Ils sont indispensables pour découper les légumes, la viande, le poisson et les crustacés. Il est utile d'avoir un couteau spécifique pour trancher le pain.

Épluche-légumes ou économe

Bien plus pratique qu'un couteau pour peler les légumes et les fruits durs... À utiliser également pour découper des lamelles ou des copeaux de parmesan, par exemple.

Râpe

Choisissez une râpe comportant des trous de diamètres différents.

Presse-ail

Il est possible d'écraser une gousse d'ail avec le plat de la lame d'un couteau, mais le presse-ail est bien plus efficace et plus pratique, surtout si vous devez opérer sur plusieurs gousses.

Casserole

L'ustensile élémentaire pour cuire et mijoter les soupes. Ayez à disposition une casserole de grande taille, avec un couvercle adapté.

Cuillères en bois

Elles sont précieuses pour mélanger les ingrédients lorsque vous les faites revenir en début de recette, et pour remuer la soupe à diverses étapes.

Robot ménager

Il est indispensable pour préparer les veloutés. Il en existe de différents types et puissances, mais la fonction majeure est le mixage. Essayez les différentes fonctionnalités de votre robot ménager pour déterminer celle qui produit le meilleur résultat — certains robots sont moins performants que les mixeurs pour créer un velouté. Enfin, pour réduire une soupe en purée grossière, utilisez un presse-purée manuel (voir plus loin).

Tamis ou chinois

Ils permettent de filtrer la soupe. Il en existe de plusieurs sortes, au maillage plus ou moins étroit et de matières diverses, selon l'usage.

Presse-purée

Idéal pour mixer grossièrement les légumes d'une soupe. Cet ustensile peut souvent remplacer un robot ménager ou un mixeur.

Écumoire

Ustensile plat, rond et perforé bien pratique pour ôter l'écume qui se forme à la surface des bouillons et des soupes. Si vous n'en avez pas, utilisez une grande cuillère plate en métal.

Les bouillons

Le bouillon est la base de toute soupe. Vous trouverez des bouillons de bonne qualité en grandes surfaces ou dans les épiceries fines, en cubes, en poudre, en brique à longue conservation ou encore au rayon frais. Le bouillon maison peut être congelé, il est donc intéressant d'en préparer une grande quantité et de le conserver ainsi en petites parts prêtes à l'emploi, dans des récipients hermétiques appropriés. Les recettes données le sont pour 1,2 litre de bouillon.

Bouillon de légumes

2 oignons, grossièrement hachés
2 carottes, coupées en morceaux
2 branches de céleri, coupées en morceaux
1 feuille de laurier
2 branches de thym frais

4 tiges de persil frais
1 c. à c. de poivre noir, en grains
$^1/_2$ c. à c. de sel
1,7 litre (7 tasses) d'eau

Mettez tous les ingrédients dans une casserole, ajoutez l'eau et portez le tout à ébullition. Réduisez la température et laissez mijoter 1 h, en écumant régulièrement. Filtrez, laissez refroidir, puis conservez au réfrigérateur ou au congélateur jusqu'à utilisation.

Bouillon de poule

1 carcasse de poulet
2 oignons, grossièrement hachés
2 carottes, coupées en morceaux
2 branches de céleri, coupées en morceaux

2 feuilles de laurier
1 c. à c. de poivre noir, en grains
$^1/_2$ c. à c. de sel
1,7 litre (7 tasses) d'eau

Mettez tous les ingrédients dans une casserole, ajoutez l'eau et portez le tout à ébullition. Réduisez la température et laissez mijoter 1 h 30 sur feu doux, en écumant de temps à autre. Filtrez, laissez refroidir, puis conservez au réfrigérateur ou au congélateur jusqu'à utilisation.

Bouillon de bœuf

900 g (2 lb) d'os de bœuf
1 oignon, grossièrement haché
1 poireau, coupé en morceaux
2 carottes, coupées en morceaux
1 branche de céleri, coupée en morceaux
1 feuille de laurier

2 branches de thym frais
4 tiges de persil frais
1 c. à c. de poivre noir, en grains
$^1/_2$ c. à c. de sel
1,7 litre (7 tasses) d'eau

Préchauffez le four à 425 °F (220 °C). Mettez les os dans un plat et faites-les griller 40 min. Mettez-les dans une casserole avec le reste des ingrédients. Portez le tout à ébullition, puis réduisez la température et laissez mijoter 3 h environ, en écumant de temps à autre. Filtrez, laissez refroidir, puis conservez au réfrigérateur ou au congélateur jusqu'à utilisation.

Court-bouillon

900 g (2 lb) de carcasses de poisson
 (sans les branchies, qui sont amères)
1 oignon, grossièrement haché
1 poireau, coupé en morceaux
2 branches de céleri, émincées

1 feuille de laurier
4 tiges de persil frais
$^1/_2$ c. à c. de poivre noir, en grains
$^1/_2$ c. à c. de sel
1,3 litre (5 tasses) ttd'eau

Mettez les carcasses de poisson dans une casserole avec le reste des ingrédients. Portez le tout à ébullition, puis réduisez la température et laissez mijoter 30 min environ, en écumant de temps à autre. Filtrez, laissez refroidir, puis conservez au réfrigérateur ou au congélateur jusqu'à utilisation.

Le service

Le service d'une soupe dépend de sa forme et de la place qu'elle occupe au sein du repas. Vous pouvez la présenter simplement, servie dans un bol, ou ajouter des accompagnements et des éléments de garniture pour aiguiser la curiosité de vos convives. Si vous n'avez pas le temps de la préparer vous-même, il est possible d'agrémenter une soupe prête à l'emploi. Voici quelques suggestions en la matière.

Accompagnements

Le pain, en tranches, en morceaux ou en quartiers, est certainement le plus simple des accompagnements. Le choix est vaste, des pains du commerce aux pains faits maison.

Réchauffez légèrement le pain au four avant que la soupe n'ait fini de cuire, cela donnera l'impression qu'il est tout frais et lui rendra son craquant.

Testez différents types de pains, de la baguette croustillante aux pains complets aux céréales, en passant par la ciabatta italienne à la focaccia parfumée, les pains de seigle nourrissants et autres boules individuelles. Pour accompagner des soupes aux saveurs étrangères, jouez l'originalité en choisissant des scones, des naans ou des pitas. Pour préparer des bruschettas ou des crostinis, faites griller des morceaux de baguette, de ciabatta ou de brioche et garnissez-les. Ces accompagnements peuvent être servis à côté du bol de soupe ou déposés à la surface. Le pain à l'ail est très apprécié : étalez du beurre à l'ail sur un morceau de baguette ou de ciabatta, puis faites griller le tout au four.

Un plateau de fromages, présentant un assortiment agrémenté de grains de raisin ou de morceaux de céleri, complète parfaitement la soupe et le pain pour constituer un repas léger.

Garnitures

Au moment de servir la soupe, un vaste choix s'offre à vous en ce qui concerne la garniture. Il peut s'agir d'herbes aromatiques ciselées, d'une cuillerée de crème fraîche ou de croûtons, de sauce piquante, d'échalotes frites ou de glaçons, dans le cas des soupes froides. Quel que soit votre choix, la soupe prendra des allures de plat gourmet, car ces éléments développent la saveur, la texture et l'aspect visuel de la préparation, et stimulent ainsi nos papilles.

Croûtons

Ces petits cubes de pain grillés ou frits sont l'agrément inimitable des soupes, car ils apportent un contraste de texture. Les croûtons les plus simples sont obtenus en faisant frire les morceaux de pain dans de l'huile d'olive ou dans du beurre, puis en les égouttant sur du papier absorbant avant de les laisser refroidir. Testez avec des morceaux plus épais, pour des croûtons plus volumineux. Environ 1 min avant la fin de la cuisson, ajoutez une gousse d'ail écrasée dans la poêle ou la casserole. Les naans, les ciabattas et les focaccias grillés et coupés en cubes ou en quartiers se prêtent également bien à la préparation de croûtons.

Bruschettas et crostinis

Des tranches de baguette ou de ciabatta, badigeonnées d'huile d'olive, dorées et grillées sont une autre possibilité, plus originale que les croûtons. Pour renforcer leur saveur, frottez-les sur une face avec une gousse d'ail coupée en deux. Ajoutez ensuite un filet d'huile d'olive et saupoudrez d'herbes aromatiques et de poivre noir moulu, ou garnissez de tomates épépinées et concassées, ou encore d'une cuillerée ou deux de sauce. Vous pouvez aussi étaler du pesto et garnir de légumes grillés et marinés dans l'huile d'olive, ou ajouter une cuillerée de crème sure ou de mayonnaise sur du pain coupé en cubes et garnir d'une bande de saumon fumé ou de salami. La gamme est infinie, laissez votre imagination vous guider !

Légumes croustillants

Ils sont habituellement servis à côté du bol de soupe. Il s'agit de chips de pomme de terre ou d'autres légumes, comme la patate douce, la betterave ou la carotte – pour varier les couleurs et les saveurs. Testez différents types de chips, très fines ou plus épaisses. Vous pouvez aussi les émietter et les saupoudrer sur la soupe au moment de servir.

Herbes aromatiques fraîches

Les couleurs, les saveurs et les parfums des plantes aromatiques accommodent délicieusement les soupes. La ciboulette ciselée, le persil, la menthe ou encore la coriandre sont les plus couramment utilisées. Laissez les feuilles entières lorsqu'elles sont fines et petites ; sinon, enroulez-les et coupez-les finement. Certaines variétés développent leur saveur lorsqu'elles sont ciselées, comme la sauge. Quant au basilic, au thym et à l'origan, il est conseillé de les ajouter juste au moment de servir. Les fleurs apportent pour leur part une touche esthétique délicate et relèvent la couleur des veloutés les plus pâles. Choisissez-les de saison.

Piments

Agrémentez les soupes épicées de piments coupés en fines lanières, en cubes ou en anneaux. Veillez à bien les épépiner et à en ôter le cœur, qui contient l'élément piquant.

Oignons nouveaux

Les oignons nouveaux, coupés en fines lanières, apportent une touche finale esthétique, fraîche et légèrement piquante. Dans la tradition culinaire asiatique, on les retrouve dans toutes les soupes, mais ils s'accommodent à tous types de recettes, et relèvent le goût des plus classiques, comme la soupe de tomate.

Anneaux d'oignon

Les oignons coupés en fines tranches et détaillés en anneaux apportent un contraste gustatif aux soupes les plus sophistiquées. Les oignons rouges sont originaux de par leur couleur et leur saveur douce, les oignons blancs ont un goût plus piquant.

Légumes en salade

Dés de concombre, poivrons et tomates accommodent idéalement les soupes d'été. Versez quelques gouttes d'huile d'olive et de vinaigre de vin rouge sur les légumes, saupoudrez-les d'herbes aromatiques, mélangez et déposez par petites cuillerées à la surface de la soupe.

Agrumes

Le zeste d'orange, de citron ou de citron vert confère une touche rafraîchissante et acidulée que l'on n'obtient pas avec le seul jus de ces fruits. Saupoudrez les bruschettas de zeste d'agrumes au moment de servir.

Graines

Les graines grillées, comme celles du sésame, du potiron ou du tournesol, agrémentent bien les soupes. Elles sont appétissantes, ajoutent de la texture et de la couleur, et présentent un intérêt nutritif. Substituez-les aux croûtons et mélangez-les à des herbes aromatiques.

Glaçons

Ils sont la touche finale des soupes glacées. Flottant à la surface de la soupe, ils sont du meilleur effet et permettent d'en garder la fraîcheur. Ajoutez-les juste au moment de servir, bien entendu.

Ingrédients de complément

Crèmes, yaourts, huiles parfumées ou condiments se déposent à la surface de la soupe et complètent la texture et la saveur initiales. Choisissez l'élément en fonction des ingrédients principaux, et voyez s'ils ont plutôt besoin d'être enrichis ou rafraîchis.

Yaourt
Moins riche en matières grasses que la crème 35 %, il s'y substitue dans certaines recettes de soupes, notamment dans la gastronomie indienne. Pour obtenir une consistance plus liquide, choisissez un yaourt maigre ou délayez un yaourt épais (comme les yaourts grecs) dans un peu de lait.

Crème
La crème offre un contraste visuel intéressant avec les couleurs des soupes épaisses. On l'ajoute le plus souvent aux veloutés et aux soupes mixées. On verse la crème 15 % ou 35 % en filet juste avant de servir ; quant aux formes plus épaisses, comme la crème sure, on les dépose à la cuillère, en dessinant un tourbillon à la surface de la soupe. La crème enrichit la saveur d'ensemble et adoucit l'acidité de certains ingrédients.

Pesto
Très parfumé, le pesto relève le goût d'une soupe méditerranéenne ou aux légumes. Vous pouvez l'utiliser tel quel ou délayé dans un peu d'huile d'olive, pour affiner la saveur. Le pesto fait maison, avec du basilic frais, de l'ail, des pignons de pins, du parmesan et de l'huile d'olive, est savoureux et colore la soupe d'un vert brillant. Si vous l'achetez prêt à l'emploi, choisissez-le de la meilleure qualité possible. Il existe de nombreuses variantes s'inspirant de la recette traditionnelle, contenant des ingrédients comme les poivrons, les tomates, d'autres herbes aromatiques ou des noix, ou qui remplacent l'huile d'olive par d'autres types d'huiles.

Sauces, condiments et chutney

On les dépose à la cuillère à la surface de la soupe pour rehausser la saveur générale. Vous pouvez les acheter prêts à l'emploi ou les préparer vous-même. Il peut s'agir de sauces épaisses, avec des morceaux ou très onctueuses, douces, piquantes, épicées ou très pimentées. Vous pouvez également les utiliser comme éléments de garniture sur des tranches de pain grillées ou des croûtons assez gros.

Poisson, jambon et bacon

Les bandelettes de poisson fumé (comme le saumon) à la surface d'une soupe constituent une touche finale originale. Un peu de caviar, mêlé de crème sure, et votre soupe sera un vrai plat de gourmet ! De la même façon, essayez d'agrémenter les soupes de jambon de Parme ou de proscuitto coupé en chiffonnade. Pour remplacer les croûtons, faites griller quelques tranches de bacon jusqu'à ce qu'elles soient croustillantes, découpez-les en morceaux et garnissez-en la soupe.

Fromage

Agrémentez une soupe aux légumes de fromage râpé ou de copeaux de parmesan. Les fromages à émietter, comme la feta, accommodent bien certaines recettes. Les fromages crémeux, comme le gorgonzola ou le chèvre, peuvent être coupés en petits cubes et déposés à la surface de la soupe. Ils fondent et enrichissent à la fois sa saveur et sa texture.

Crêpes et omelettes

Pour garnir un bouillon ou une soupe légère, découpez de l'omelette ou des crêpes en fines bandelettes. Pour cela, enroulez-les, coupez-les en tranches et détachez-en les bandes, ou bien utilisez une roulette pour leur donner une forme particulière. Pour varier l'aspect visuel, découpez une omelette épaisse en cubes bien nets. Pensez à agrémenter les omelettes et les crêpes de légumes coupés en petits dés ou en fines lanières, comme des oignons nouveaux, des poivrons et des tomates.

Soupes fraîches et glacées

Lorsque le soleil tape dur, rien ne remplace un bol

de savoureuse soupe glacée. Servies en entrée,

ces soupes fraîches, aussi simples qu'originales,

feront la joie de vos convives.

Soupe glacée orange-carotte

Pour 4 personnes

Cette soupe fraîche et acidulée constitue une mise en bouche délicieuse, ou un plat léger à déguster un soir d'été, servie avec des croûtons.

2 c. à s. d'huile d'olive	Le jus de 2 oranges
1 oignon, haché	Sel et poivre noir, moulu
450 g (1 lb) de carottes, coupées en rondelles	Glaçons
1 petite pomme de terre, coupée en morceaux	Menthe fraîche, ciselée
1,2 litre (5 tasses) de bouillon de légumes	

Faites chauffer l'huile dans une casserole. Mettez-y l'oignon haché à revenir 5 min sur feu doux. Ajoutez les carottes et la pomme de terre, puis versez le bouillon. Portez le tout à ébullition, puis réduisez la température et couvrez. Laissez mijoter 20 min environ : les légumes doivent être tendres.

Passez la soupe au mixeur jusqu'à obtention d'un velouté. Versez dans une jatte, couvrez et laissez refroidir. Ajoutez le jus d'orange et placez au moins 2 h au frais. Rectifiez l'assaisonnement, salez et poivrez au goût, puis servez à la louche dans des bols. Ajoutez quelques glaçons dans chacun d'eux, et décorez avec de la menthe fraîche.

Voir variantes p. 38

Soupe glacée à l'avocat, sauce tomate épicée

Pour 4 personnes

Veloutée, crémeuse et incroyablement rapide à préparer, cette soupe délicieuse est parfaite pour un repas pris sur le pouce.

2 gros avocats mûrs
1 piment rouge, épépiné et haché
1 gousse d'ail, hachée
1,2 litre (5 tasses) de bouillon de poule, froid
Le jus de 1 citron vert
Sel et poivre noir, moulu
Glaçons

Pour la sauce
2 tomates mûres, épépinées et coupées
  en morceaux
2 oignons nouveaux, émincés
1 piment vert, épépiné et haché
2 c. à s. de coriandre fraîche, ciselée
Le jus de $1/2$ citron vert

Préparez la sauce : mélangez les tomates, les oignons, le piment vert et la coriandre. Salez légèrement, versez le jus de citron sur les légumes et mélangez bien. Couvrez et réservez.

Préparez la soupe : ouvrez les avocats, ôtez-en le noyau, puis placez la chair dans le bol d'un mixeur. Ajoutez le piment rouge, l'ail et le bouillon, puis mélangez jusqu'à obtention d'un velouté. Versez le jus de citron, salez et poivrez au goût, puis mixez quelques secondes.

Versez la soupe dans des bols. Ajoutez quelques glaçons et une cuillerée de sauce. Servez aussitôt.

Voir variantes p. 39

Vichyssoise

Pour 4 personnes

Une recette traditionnelle très appréciée en entrée, qui peut également constituer le plat principal d'un déjeuner estival.

25 g (1 oz) de beurre
3 poireaux, émincés
1 pomme de terre moyenne, coupée
    en morceaux
80 cl (26 oz) de bouillon de légumes

35 cl (12 oz) de lait + un peu si besoin
15 cl (5 oz) de crème 15 %
Sel et poivre noir, moulu
Ciboulette fraîche, ciselée
Croûtons

Faites fondre le beurre dans une grande casserole. Ajoutez les poireaux émincés, mélangez et faites revenir 5 min sur feu doux. Incorporez la pomme de terre et le bouillon, puis portez à ébullition. Réduisez la température, couvrez et laissez mijoter 15 min environ : la pomme de terre doit être tendre.

Passez la soupe au mixeur, jusqu'à obtention d'un velouté. Ajoutez le lait et la crème, salez et poivrez au goût. Laissez refroidir, puis placez au moins 2 h au frais.

Au moment de servir, goûtez et rectifiez l'assaisonnement. Si la soupe est trop épaisse, ajoutez un peu de lait, puis servez à la louche dans des bols. Décorez avec de la ciboulette et des croûtons, et servez aussitôt.

Voir variantes p. 40

Gaspacho minute

Pour 4 personnes

Des légumes de bonne qualité et bien mûrs, notamment en ce qui concerne les tomates, sont le secret de cette soupe espagnole au goût complexe et raffiné.

900 g (2 lb) de tomates mûres, pelées,
  épépinées et concassées
1 concombre, pelé et grossièrement haché
1 poivron rouge, épépiné et grossièrement haché
1 oignon rouge, grossièrement haché
2 gousses d'ail, écrasées
5 c. à s. d'huile d'olive
35 cl (12 oz) d'eau froide

3 tranches de pain rassis, sans la croûte
  et coupées en morceaux
2 c. à s. de vinaigre de Xérès
1 pincée de sucre
Sel et poivre noir, moulu
Petits cubes d'oignon rouge et de concombre
Basilic frais

Mettez les tomates, le concombre, le poivron et l'oignon rouge dans le bol d'un mixeur. Ajoutez l'huile d'olive. Versez la moitié de l'eau froide et placez les morceaux de pain sur le dessus des ingrédients. Actionnez jusqu'à obtention une consistance épaisse et homogène.

Versez la soupe dans un saladier. Ajoutez la quasi-totalité de l'eau restante, le vinaigre et le sucre, salez et poivrez au goût. Placez au moins 2 h au frais.

Au moment de servir, vérifiez la consistance et ajoutez un peu d'eau si nécessaire. Transvasez la soupe à la louche dans des bols. Décorez de petits cubes d'oignon rouge et de concombre, et parsemez de quelques feuilles de basilic frais.

Voir variantes p. 41

Soupe concombre-yaourt

Pour 4 personnes

Très populaire dans les pays du Moyen-Orient, cette soupe rafraîchissante se prépare en quelques minutes pour une entrée ou un plat à déguster sous le soleil.

3 concombres, épépinés et grossièrement hachés
35 cl (12 oz) de yaourt grec
25 cl (8 oz) de bouillon de légumes, froid
2 c. à s. de menthe fraîche, ciselée
    + un peu pour le service

Sel et poivre noir, moulu
Paprika
4 oignons nouveaux, coupés en fines lanières

Réduisez les concombres en purée au mixeur, jusqu'à obtention d'une texture lisse. Ajoutez le yaourt et le bouillon, et mélangez par brèves impulsions.

Versez la soupe dans un saladier. Ajoutez la menthe, salez et poivrez au goût, mélangez bien. Placez au moins 2 h au frais, ou jusqu'au moment de servir.

Transvasez la soupe à la louche dans des bols. Décorez chacun d'eux d'un peu de menthe, d'une pincée de paprika et de quelques lanières d'oignon. Servez aussitôt.

Voir variantes p. 42

Soupe glacée tomate-basilic, sorbet à la tomate

Pour 4 personnes

Cette soupe légère et délicate constitue une entrée raffinée. On l'apprécie surtout en été, quand les tomates sont bien fruitées et le basilic abondant.

2 c. à s. d'huile d'olive
1 oignon, haché
2 gousses d'ail, écrasées
1 kg (2 lb 2 oz) de tomates, pelées et concassées
$^1/_2$ c. à c. de sucre roux
1,2 litre (5 tasses) de bouillon de légumes
   ou de poule
1 poignée de basilic frais

Sel et poivre noir, moulu
Pour le sorbet
500 g (1 lb 1 oz) de tomates, pelées et épépinées
$^1/_4$ de piment rouge, épépiné et haché
$^1/_2$ gousse d'ail, écrasée
1 c. à c. de sucre roux
$^1/_4$ c. à c. de vinaigre balsamique
Basilic frais + un peu pour le service

Mixez tous les ingrédients du sorbet. Salez et poivrez au goût, et réservez au frais. Brassez la préparation dans une sorbetière ou dans un récipient approprié et laissez-la de 3 à 8 h au congélateur, puis mélangez deux fois au robot ménager, pour briser les cristaux de glace. Faites chauffer l'huile dans une casserole. Mettez-y l'oignon et l'ail à revenir 5 min sur feu doux. Ajoutez les tomates, le sucre et le bouillon. Portez le tout à ébullition et laissez mijoter 20 min à couvert. Laissez refroidir et passez au mixeur. Ajoutez le basilic et placez au moins 2 h au frais. Placez une boule de sorbet dans chaque bol. Transvasez la soupe à la louche, puis décorez de basilic frais. Servez aussitôt.

Voir variantes p. 43

Soupe mentholée aux pois

Pour 4 personnes

Cette soupe très douce et fraîche sera prête en moins d'un quart d'heure.

2 c. à s. d'huile d'olive
4 échalotes, hachées
2 gousses d'ail, écrasées
1 kg (2 lb 2 oz) de petits pois, surgelés
1,2 litre (5 tasses) de bouillon de légumes ou
    de poule

1 c. à s. de menthe fraîche, ciselée
    + un peu pour le service
Sel et poivre noir, moulu
12 cl de crème 35 %

Faites chauffer l'huile dans une grande casserole. Mettez-y l'ail et les échalotes à revenir 2 min sur feu doux. Ajoutez les petits pois et le bouillon. Portez le tout à ébullition, puis retirez la casserole du feu.

Passez la soupe au mixeur jusqu'à obtention d'un velouté. Ajoutez la menthe, puis salez et poivrez au goût. Laissez refroidir, puis placez au moins 2 h au frais.

Au moment de servir, vérifiez la consistance et ajoutez un peu d'eau si nécessaire. Versez la soupe dans des bols ou dans des grands verres. Déposez un peu de crème dans chacun d'eux et décorez de menthe fraîche.

Voir variantes p. 44

Soupe fraîche à l'oseille

Pour 4 personnes

On trouve de l'oseille fraîche dès le printemps. Son goût intense et acidulé rappelle celui du citron.

1 petite pomme de terre, coupée en cubes
90 cl (30 oz) de bouillon de légumes
1 botte d'oignons nouveaux, coupés en fines
    lanières
450 g (1 lb) d'oseille, grossièrement émincée

17,5 cl (6 oz) de vin blanc
12 cl (4 oz) de crème 35 %
Sel et poivre noir, moulu
Ciboulette fraîche, ciselée

Mettez la pomme de terre et le bouillon dans une grande casserole. Portez à ébullition, puis réduisez la température, couvrez et laissez mijoter 15 min environ : la pomme de terre doit être tendre.

Ajoutez les oignons nouveaux et les trois quarts de l'oseille. Passez la soupe au mixeur, jusqu'à obtention d'un velouté. Versez dans une jatte. Ajoutez le vin blanc, la crème et le reste de l'oseille, salez et poivrez au goût. Laissez refroidir, puis placez au moins 2 h au frais.

Transvasez la soupe à la louche dans des bols et décorez de ciboulette ciselée. Servez aussitôt.

Voir variantes p. 45

Soupe betterave-orange, crème sure

Pour 4 personnes

Cette soupe douce, parfumée, au rouge intense, surprendra vos convives. Rafraîchissante en été, elle est aussi revigorante à tout moment de l'année.

2 c. à s. d'huile d'olive
1 oignon, haché
750 g (1 lb 10 oz) de betteraves crues, pelées et coupées en morceaux
1,2 litre (5 tasses) de bouillon de légumes ou de poule
$^1/_2$ c. à c. de zeste d'orange

Le jus de 2 oranges
Sel et poivre noir, moulu
$1^1/_2$ c. à s. de crème sure
4 mini-blinis
Ciboulette fraîche, ciselée
Zeste d'orange, en fines lanières

Faites chauffer l'huile dans une grande casserole. Mettez-y l'oignon à revenir 5 min sur feu doux. Ajoutez les betteraves et le bouillon, mélangez, puis portez le tout à ébullition. Réduisez la température, couvrez et laissez mijoter 20 min environ : la betterave doit être tendre.

Mixez la soupe, jusqu'à obtention d'un velouté. Versez dans un saladier et laissez refroidir. Ajoutez le zeste et le jus d'orange, salez et poivrez au goût. Placez au moins 2 h au frais.

Au moment de servir, déposez une cuillerée de crème sure sur chaque blini et saupoudrez de zeste d'orange et de ciboulette ciselée. Transvasez la soupe à la louche dans des bols, puis déposez un blini à la surface de chaque bol.

Voir variantes p. 46

Soupe de laitue aux oignons nouveaux

Pour 4 personnes

Simple et légère, voici l'incontournable soupe des chaudes journées estivales.

2 c. à s. d'huile d'olive	12 cl (4 oz) de vin blanc sec
1 oignon, haché	3 c. à s. de mayonnaise
2 gousses d'ail, écrasées	$1/2$ c. à c. de harissa
1 litre (4 tasses) de bouillon de légumes ou de poule	4 morceaux de baguette
4 cœurs de laitue, finement émincés	Persil frais, ciselé
2 bottes d'oignons nouveaux, émincés	Sel et poivre noir, moulu

Faites chauffer l'huile dans une grande casserole. Mettez-y l'oignon haché et l'ail à revenir 5 min sur feu doux. Ajoutez le bouillon et portez le tout à ébullition. Incorporez les cœurs de laitue émincés et les oignons nouveaux, laissez cuire 1 min environ, puis retirez la casserole du feu. Passez la soupe au mixeur, jusqu'à obtention d'un velouté. Versez dans une jatte. Ajoutez le vin blanc, salez et poivrez au goût. Laissez refroidir et placez au moins 2 h au frais.

Au moment de servir, mélangez la mayonnaise avec la harissa. Faites griller les morceaux de baguette de chaque côté – ils doivent être dorés –, puis déposez sur chacun un peu de mayonnaise et saupoudrez de persil. Transvasez la soupe à la louche dans des bols, puis déposez un toast à la surface de chacun. Servez aussitôt.

Voir variantes p. 47

Variantes

Soupe glacée orange-carotte

Recette de base p. 19

Soupe glacée orange-tomate-carotte
Suivez la recette de base, en ajoutant aux carottes 3 tomates pelées
et concassées.

Soupe glacée orange-poivron-carotte
Suivez la recette de base, en ajoutant aux carottes 2 poivrons rouges
épépinés et hachés.

Soupe glacée orange-poireau-carotte
Suivez la recette de base, en remplaçant l'oignon par 1 poireau émincé.

Soupe crémeuse orange-carotte
Suivez la recette de base, en ajoutant à la soupe mixée 3 c. à s. de mascarpone,
avant de placer au frais. Déposez un peu de crème dans chaque bol au
moment de servir.

Soupe glacée orange-carotte à la coriandre
Suivez la recette de base, en ajoutant à la soupe refroidie 2 c. à s. de coriandre
fraîche ciselée. Au moment de servir, remplacez la menthe fraîche par de
la coriandre fraîche.

Variantes

Soupe glacée à l'avocat, sauce tomate épicée

Recette de base p. 21

Soupe glacée à l'avocat, toasts à la sauce tomate épicée
Suivez la recette de base, puis versez la soupe dans des bols sans ajouter
la sauce. Faites griller 8 morceaux de baguette de chaque côté – ils doivent
être dorés –, puis déposez sur chacun un peu de sauce et ajoutez quelques
gouttes d'huile d'olive. Servez aussitôt, en accompagnement de la soupe
agrémentée de glaçons.

Soupe glacée à l'avocat, sauce tomate épicée et crème sure
Suivez la recette de base. Au moment de servir, ajoutez 1 cuillerée de crème
sure sur la soupe, ainsi que de la sauce épicée et des glaçons.

Soupe glacée à l'avocat, sauce tomate épicée et tortillas croustillantes
Suivez la recette de base. Supprimez les glaçons et déposez à la surface
de chaque bol des chips de tortillas. Servez accompagné de la sauce épicée
et proposez des chips supplémentaires.

Soupe chaude à l'avocat, sauce tomate épicée
Suivez la recette de base. Versez la soupe dans une casserole, réchauffez
sur feu doux et retirez du feu juste avant ébullition. Servez dans des bols,
agrémentée de sauce épicée, et supprimez les glaçons.

Variantes

Vichyssoise

Recette de base p. 22

Vichyssoise et toasts ail-ciboulette
Suivez la recette de base. Mélangez 50 g (2 oz) de beurre avec 1 gousse d'ail écrasée, 2 c. à s. de ciboulette ciselée et 1 bonne pincée de poivre moulu. Faites griller 8 morceaux de baguette de chaque côté – ils doivent être bien dorés –, puis étalez sur chacun un peu de beurre aillé. Servez en accompagnement de la soupe.

Vichyssoise extra-crémeuse
Suivez la recette de base. Garnissez chaque bol de 1 c. à s. bombée de crème 35 %, puis ajoutez la ciboulette et les croûtons.

Vichyssoise à la menthe fraîche
Suivez la recette de base, en remplaçant la ciboulette par de la menthe fraîche ciselée.

Soupe poireaux-pommes de terre
Préparez la soupe selon la recette de base. Rincez la casserole et versez-y la soupe mixée, puis ajoutez le lait et la crème. Réchauffez le tout en remuant de temps à autre et retirez du feu juste avant l'ébullition. Transvasez à la louche dans des bols, décorez de ciboulette et de croûtons. Servez aussitôt.

Variantes

Gaspacho minute

Recette de base p. 25

Gaspacho minute et croûtons
Suivez la recette de base. Coupez en cubes 3 tranches de pain sans la croûte.
Faites dorer dans 2 c. à s. d'huile d'olive. Épongez les croûtons sur du papier
absorbant, puis garnissez-en les bols de soupe.

Gaspacho classique
Suivez la recette de base, en supprimant la garniture. Préparez les croûtons
comme indiqué ci-dessus. Coupez en cubes 1 petit oignon rouge, 1 poivron
vert et 1 petit concombre. Déposez les croûtons et les légumes sur la soupe.

Gaspacho minute au basilic
Suivez la recette de base, en ajoutant 1 poignée de feuilles de basilic avant
de mixer.

Gaspacho minute et toasts à l'ail
Suivez la recette de base. Faites griller 4 à 8 tranches de pain de campagne
au levain. Frottez les toasts avec une gousse d'ail coupée en deux, puis versez
quelques gouttes d'huile d'olive. Servez en accompagnement de la soupe.

Gaspacho minute et chorizo
Suivez la recette de base. Faites frire de fines rondelles de chorizo dans
un peu d'huile d'olive et garnissez-en la soupe, avec ou sans basilic.

Variantes

Soupe concombre-yaourt

Recette de base p. 26

Soupe concombre-yaourt et toasts pita
Suivez la recette de base. Au moment de servir, faites griller 2 pains pita, ouvrez-les en deux, puis coupez-les en triangles. Passez-les au grill, croûte contre le grill, saupoudrez d'ail finement haché et versez quelques gouttes d'huile d'olive. Les toasts doivent être dorés. Saupoudrez de persil frais ciselé et servez en accompagnement de la soupe.

Soupe concombre-yaourt aux herbes aromatiques
Suivez la recette de base, en utilisant seulement 1 c. à s. de menthe et en ajoutant 1 c. à s. de ciboulette fraîche ciselée et 1 c. à s. de persil frais ciselé. Au moment de servir, garnissez de quelques herbes fraîches supplémentaires.

Soupe concombre-yaourt au poivron rouge
Suivez la recette de base. Épépinez et coupez en petits cubes 1 poivron rouge et 1 petit concombre, puis garnissez-en la soupe avec les oignons nouveaux et la menthe.

Soupe concombre-yaourt au citron
Suivez la recette de base, en ajoutant au mélange yaourt-bouillon le zeste de 1 citron.

Variantes

Soupe glacée tomate-basilic, sorbet à la tomate

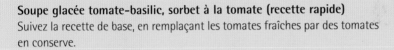

Recette de base p. 29

Soupe glacée tomate-basilic, sorbet à la tomate (recette rapide)
Suivez la recette de base, en remplaçant les tomates fraîches par des tomates en conserve.

Crème de tomate au basilic
Suivez la recette de base, en supprimant le sorbet. Versez la soupe mixée à nouveau dans la casserole et ajoutez 12 cl (4 oz) de crème 35 %. Réchauffez la soupe sans la faire bouillir et déposez un peu de crème dans chaque bol au moment de servir.

Soupe glacée tomate-menthe, sorbet à la tomate
Suivez la recette de base, en remplaçant le basilic par de la menthe.

Soupe glacée tomate-herbes aromatiques, sorbet à la tomate
Suivez la recette de base, en ajoutant à la soupe froide 2 c. à s. de ciboulette fraîche ciselée, 1 c. à s. de menthe fraîche ciselée et 1 c. à s. de persil frais ciselé.

Variantes

Soupe mentholée aux pois

Recette de base p. 30

Soupe mentholée aux pois, prosciutto

Suivez la recette de base. Au moment de servir, décorez chaque bol de soupe avec du jambon italien découpé en petits morceaux.

Soupe mentholée aux pois, bacon croustillant

Suivez la recette de base. Faites griller 2 ou 3 tranches de bacon sans la couenne, jusqu'à ce qu'elles soient croustillantes, puis coupez-les en petits morceaux. Décorez-en les bols de soupe, puis servez.

Soupe mentholée aux pois, saumon fumé

Suivez la recette de base. Au moment de servir, décorez chaque bol de soupe avec du saumon fumé découpé en petites bandes.

Soupe mentholée aux pois « chaud devant »

Préparez la soupe selon la recette de base, mixez-la aussitôt après la cuisson. Réchauffez-la quelques secondes si nécessaire, sans la faire bouillir, et servez avec un peu de crème 35 %.

Soupe mentholée aux pois allégée

Suivez la recette de base, en supprimant la crème 35 %.

Variantes

Soupe fraîche à l'oseille

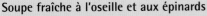

Recette de base p. 33

Soupe fraîche à l'oseille et aux épinards
Suivez la recette de base, en ajoutant 115 g (4 oz) de pousses d'épinards
à la première quantité d'oseille.

Soupe glacée à l'oseille
Suivez la recette de base. Au moment de servir, déposez quelques glaçons
à la surface de chaque bol.

Soupe fraîche aux pousses de printemps
Suivez la recette de base, en ajoutant 1 poignée de pousses d'épinards
et 1 poignée de feuilles de roquette à l'oseille.

Soupe fraîche à l'oseille et à la ciboulette
Suivez la recette de base. Ajoutez 2 c. à s. de ciboulette fraîche ciselée
avant de placer la soupe au frais. Ajoutez de la ciboulette ciselée au moment
de servir.

Variantes

Soupe betterave-orange, crème sure

Recette de base p. 34

Soupe betterave-orange, crème sure avec morceaux
Suivez la recette de base, en coupant les betteraves en petits morceaux.
Mixez la moitié de la soupe cuite, puis reversez en casserole. Ajoutez
le zeste et le jus d'orange et servez chaud, accompagné d'un blini.

Soupe betterave-orange, crème sure et vodka
Suivez la recette de base, en ajoutant 4 c. à s. de vodka au moment de servir.

Soupe minute betterave-orange, crème sure
Suivez la recette de base, en remplaçant les betteraves crues par des
betteraves cuites. Faites frire l'oignon, ajoutez les betteraves et le bouillon
froid. Mixez et servez aussitôt.

Soupe épicée betterave-orange, crème sure
Suivez la recette de base, en ajoutant à l'oignon 2 c. à c. de coriandre
en poudre, avant d'ajouter les betteraves et le bouillon.

Variantes

Soupe de laitue aux oignons nouveaux

Recette de base p. 37

Soupe de laitue aux pois et aux oignons nouveaux
Suivez la recette de base, en ajoutant au bouillon 250 g (9 oz) de petits pois surgelés.

Soupe de laitue aux asperges et aux oignons nouveaux
Suivez la recette de base, en ajoutant au bouillon 250 g (9 oz) d'asperges pelées et coupées en rondelles. Laissez mijoter la soupe 3 min environ, puis ajoutez la laitue et les oignons nouveaux.

Soupe de laitue aux épinards et aux oignons nouveaux
Suivez la recette de base, en ajoutant à la laitue 2 grosses poignées d'épinards frais.

Soupe de laitue citronnée aux oignons nouveaux
Suivez la recette de base. Au moment de servir, ajoutez à la soupe refroidie 1 c. à c. de zeste de citron.

Soupes
« coup de fouet »

Certaines soupes peuvent constituer un repas

consistant. Pauvres en matières grasses, riches

en produits frais, en éléments nutritifs et en sucres

lents, les soupes présentées dans ce chapitre

donneront à votre corps toute l'énergie dont

il a besoin au quotidien.

Consommé de poulet aux pâtes

Pour 4 personnes

Cette soupe maison traditionnelle a des vertus curatives : consommez-la au moindre signe de refroidissement – ou pour le seul plaisir !

2 cuisses de poulet (500 g [1 lb 2 oz] environ),
    sans la peau
1 oignon, coupé en quartiers
3 branches de céleri, coupées en rondelles
1 grosse carotte, coupée en rondelles
1 feuille de laurier

1 petit bouquet de persil frais
    + 1 poignée de persil plat pour le service
1,5 (6 tasses) litre d'eau
Sel et poivre noir du moulin
115 g (4 oz) de cheveux d'ange ou
    de vermicelle

Dans une grande casserole, mettez les cuisses de poulet, l'oignon, le céleri, la carotte, le laurier et le persil. Versez l'eau froide. Ajoutez 3/4 c. à c. environ de sel et une bonne pincée de poivre noir, puis portez le tout à ébullition. Réduisez la température, couvrez et laissez mijoter 20 min environ : les cuisses de poulet doivent être cuites.

Retirez les cuisses de poulet, ôtez-en la chair et réservez. Remettez les os dans la casserole. Couvrez et laissez de nouveau mijoter 1 h 30. Pendant ce temps, découpez le poulet en petits morceaux.

Tamisez le bouillon dans une autre casserole et portez de nouveau à ébullition. Cassez les pâtes en morceaux, ajoutez-les au bouillon et laissez mijoter 5 min, jusqu'à ce qu'elles soient tendres. Ajoutez le poulet pour le réchauffer. Saupoudrez de persil. Servez aussitôt.

Voir variantes p. 68

Soupe épicée lentilles-pois chiches au chorizo

Pour 4 personnes

Voici une soupe épaisse, nutritive, riche en fibres et en sucres lents, qui procurera une durable recharge d'énergie.

100 g (3 ¹/₂ oz) de lentilles vertes du Puy
2 c. à s. d'huile d'olive
55 g (2 oz) de chorizo, coupé en morceaux
1 oignon, finement haché
2 gousses d'ail, écrasées
3 c. à c. de cumin, en poudre
2 c. à c. de coriandre, en poudre
¹/₂ c. à s. de cannelle, en poudre

¹/₄ c. à c. de piment séché, broyé
4 tomates pelées, épépinées et concassées
400 g (14 oz) de pois chiches en conserve, rincés et égouttés
1 c. à s. de purée de tomates
1,2 (5 tasses) litre de bouillon de légumes ou de poule
Sel et poivre noir, moulu
Le jus de ¹/₂ citron

Mettez les lentilles dans une grande casserole, couvrez-les généreusement d'eau bouillante et faites chauffer. Laissez mijoter 20 min, jusqu'à ce qu'elles soient tendres. Égouttez bien. Faites chauffer l'huile dans la casserole préalablement nettoyée et mettez-y le chorizo, l'ail et l'oignon à frire 4 min sur feu doux. Ajoutez le cumin, la coriandre, la cannelle et le piment, puis les tomates, les pois chiches et la purée de tomates, et enfin le bouillon. Portez le tout à ébullition, puis réduisez la température et laissez mijoter 15 min à couvert.

Citronnez, salez et poivrez au goût. Transvasez la soupe à la louche dans des bols, puis servez.

Voir variantes p. 69

Soupe carotte-poireau-pomme de terre

Pour 4 personnes

Cette soupe dépourvue de matières grasses (selon le bouillon que vous utilisez) constitue donc un plat nourrissant et équilibré adapté au régime sans graisses.

3 carottes, grossièrement coupées en morceaux
2 poireaux, émincés
1 petite pomme de terre, grossièrement coupée en morceaux
1,2 (5 tasses) litre de bouillon de légumes ou de poule

Sel et poivre noir, moulu
Persil plat frais, ciselé
Pain complet aux graines

Dans une grande casserole, mettez les carottes, les poireaux et la pomme de terre. Versez dessus le bouillon et portez le tout à ébullition. Réduisez la température et laissez mijoter 20 min environ : les légumes doivent être tendres.

Passez la soupe au mixeur, jusqu'à obtention d'un velouté. Salez et poivrez au goût, puis versez dans des bols. Saupoudrez de persil plat et servez avec le pain.

Voir variantes p. 70

Soupe aigre-douce au chou rouge et au bacon

Pour 4 personnes

Cette soupe colorée et très nourrissante est un plat idéal des mois d'hiver. Servez-la accompagnée d'épaisses tranches de pain frais et de vieux cheddar.

1 c. à s. d'huile d'olive
3 tranches de bacon entrelardé sans la couenne, découpées en petits morceaux
2 oignons, finement hachés
300 g (10 $1/2$ oz) de chou rouge, coupé en lanières
1 pomme, pelée, débarrassée du trognon et finement hachée

2 c. à s. de vinaigre de cidre
2 c.à s. de sucre roux
4 baies de genièvre, broyées
2 clous de girofle
$1/4$ c. à c. de noix de muscade, râpée
1,2 litre (5 tasses) de bouillon de légumes
Sel et poivre noir, moulu

Faites chauffer l'huile dans une grande casserole. Mettez-y le bacon et les oignons à revenir 5 min sur feu doux.

Ajoutez le chou, la pomme, le vinaigre, le sucre, les baies de genièvre, les clous de girofle et la muscade. Versez le bouillon et mélangez soigneusement. Portez le tout à ébullition, puis réduisez la température et couvrez. Laissez mijoter 20 min environ : le chou doit être tendre. Salez et poivrez au goût. Servez aussitôt.

Voir variantes p. 71

Ribollita

Pour 4 personnes

Cette soupe originaire de Toscane est un plat copieux. Les qualités nutritives du chou, des tomates et des haricots en font une soupe très équilibrée et riche en fibres.

2 c. à s. d'huile d'olive
1 oignon, finement haché
2 gousses d'ail, écrasées
400 g (14 oz) de tomates en conserve, concassées
1 c. à s. de purée de tomates

1,2 litre (5 tasses) de bouillon de légumes ou de poule
400 g (14 oz) de flageolets en conserve, rincés et égouttés
225 g (8 oz) de chou de Savoie, coupé en lanières
Sel et poivre noir, moulu

Faites chauffer l'huile dans une grande casserole. Mettez-y l'oignon et l'ail à revenir 4 min sur feu doux. Ajoutez les tomates, la purée de tomates, le bouillon et les flageolets. Mélangez soigneusement et portez à ébullition. Réduisez la température et laissez mijoter 20 min sur feu doux.

Mettez la moitié des flageolets et des autres légumes dans le bol d'un mixeur et ajoutez quelques louches de bouillon. Mixez le tout, puis mélangez à la soupe.

Ajoutez le chou, portez à nouveau à ébullition, puis réduisez la température. Laissez mijoter 5 à 10 min : le chou doit être tendre. Salez et poivrez au goût. Servez aussitôt.

Voir variantes p. 72

Potage aux haricots verts, toasts au thon et tapenade

Pour 4 personnes

Ce potage aux légumes est inspiré de la célèbre salade niçoise. Un éventuel reste de tapenade peut se conserver au frais durant quelques jours.

2 c. à s. d'huile d'olive + un peu pour le thon
1 oignon, finement haché
2 gousses d'ail, écrasées
4 tomates mûres, pelées et concassées
1 litre de bouillon de légumes
1 grosse pomme de terre, coupée en cubes
225 g (8 oz) de haricots verts, en tronçons de 3 cm
    (1 $^1/_4$ po)
Sel et poivre noir, moulu

115 g (4 oz) de steak de thon
4 morceaux de baguette
1 œuf dur coupé en quatre
Pour la tapenade
100 g (3 $^1/_2$ oz) d'olives noires, dénoyautées
1 gousse d'ail, écrasée
2 filets d'anchois
1 c. à c. de câpres, rincées et égouttées
2 c. à s. d'huile d'olive

Faites chauffer l'huile dans une grande casserole, et mettez-y l'ail et l'oignon à revenir 5 min. Ajoutez les tomates et le bouillon. Portez à ébullition, puis réduisez la température et laissez mijoter 10 min à couvert. Ajoutez la pomme de terre et faites cuire 5 min, ajoutez les haricots et poursuivez la cuisson 3 min. Salez et poivrez au goût. Préparez la tapenade : mixez tous les ingrédients et poivrez. Badigeonnez le thon d'huile sur les deux faces, salez et poivrez. Faites chauffer une poêle antiadhésive, mettez-y le thon à revenir 1 à 2 min de chaque côté, puis découpez-le en lanières épaisses. Faites griller les morceaux de baguette, étalez la tapenade et déposez un peu de thon et un quart d'œuf. Servez la soupe dans des bols, avec les toasts.

Voir variantes p. 73

Soupe de haricots noirs, crème sure à la coriandre

Pour 4 personnes

Cette soupe épaisse et nourrissante se consomme au déjeuner comme au dîner.

300 g (10 ¹/₂ oz) de haricots noirs secs, trempés
    une nuit dans de l'eau froide
2 c. à s. d'huile d'olive
1 oignon, haché
3 gousses d'ail, écrasées
¹/₄ c. à c. de piment séché, broyé
2 c. à c. de cumin, en poudre

1 c. à c. de coriandre, en poudre
1,2 litre (5 tasses) de bouillon de légumes ou
    de poule
Le jus de 2 citrons verts
Sel et poivre noir, moulu
5 c. à s. de crème sure
Coriandre fraîche, ciselée

Égouttez les haricots et mettez-les dans une grande casserole. Recouvrez-les généreusement d'eau bouillante et faites bouillir 10 min, en écumant la surface. Réduisez la température, couvrez et laissez mijoter 1 h environ : les haricots doivent être tendres. Égouttez-les.

Faites chauffer l'huile dans la casserole nettoyée. Mettez-y l'ail et l'oignon à revenir 5 min sur feu doux. Ajoutez le piment, le cumin et la coriandre, puis les haricots et le bouillon. Portez le tout à ébullition. Réduisez la température, couvrez et laissez mijoter 10 min sur feu doux. Passez la soupe au mixeur, jusqu'à obtention d'un velouté. Citronnez, puis salez et poivrez au goût. Transvasez la soupe à la louche dans des bols, déposez un peu de crème sure à la surface, puis parsemez de coriandre.

Voir variantes p. 74

Bouillon de bœuf à l'orge

Pour 4 personnes

Ce bouillon est un repas complet : il est riche en protéines, en glucides et en vitamines, qu'apportent les légumes cuits à point.

2 c. à s. d'huile d'olive
450 g (1 lb) de viande de bœuf maigre, coupée
   en cubes
1 oignon, finement haché
2 gousses d'ail, écrasées
115 g (4 oz) d'orge perlé

1,3 (5 ¹/₂ tasses) litre de bouillon de bœuf
1 c. à c. de thym frais
3 carottes, coupées en morceaux
3 branches de céleri, émincées
1 grosse pomme de terre, coupée en cubes
Sel et poivre noir, moulu

Faites chauffer l'huile dans une casserole antiadhésive. Mettez-y la viande de bœuf à dorer rapidement sur tous les côtés. À l'aide d'une écumoire, transférez les morceaux de viande sur une assiette et réservez. Ajoutez l'oignon et l'ail dans la casserole et faites frire 4 min sur feu doux, puis incorporez l'orge, le bouillon et le thym. Remettez la viande dans la casserole.

Portez à ébullition, puis réduisez la température et laissez mijoter 45 min à couvert. Ajoutez les carottes, le céleri et la pomme de terre, laissez mijoter 15 min supplémentaires : la viande et les légumes doivent être tendres. Salez et poivrez au goût. Transvasez la soupe à la louche dans des bols. Servez aussitôt.

Voir variantes p. 75

Soupe méditerranéenne

Pour 4 personnes

Cette soupe riche en tomates est agrémentée de câpres. Très diététique et légère, elle se consomme idéalement en été et au début de l'automne, lorsque ces légumes sont à pleine maturité.

2 c. à s. d'huile d'olive
1 oignon, finement haché
2 gousses d'ail, écrasées
4 grosses tomates mûres, pelées et concassées
1 poivron rouge, épépiné et finement haché
1 c. à s. de purée de tomates séchées
1,2 litre (5 tasses) de bouillon de légumes ou
    de poule

2 courgettes, coupées en quatre
    dans la longueur, puis émincées
4 c. à c. de câpres, rincées et égouttées
Basilic frais, grossièrement ciselé
Sel et poivre noir, moulu

Faites chauffer l'huile dans une grande casserole. Mettez-y l'ail et l'oignon à revenir 5 min sur feu doux.

Ajoutez les tomates, le poivron, la purée de tomates et le bouillon, et portez le tout à ébullition. Réduisez la température et laissez mijoter 10 min à couvert.

Ajoutez les courgettes et les câpres, et laissez mijoter 10 min supplémentaires : les courgettes doivent être tendres. Parsemez de basilic, salez et poivrez au goût. Transvasez la soupe à la louche dans des bols et servez aussitôt.

Voir variantes p. 76

Potage aux tubercules

Pour 4 personnes

Une soupe copieuse aux légumes riches en éléments nutritifs, à consommer au déjeuner comme au dîner.

2 c. à s. d'huile d'olive
1 oignon, finement haché
1 gousse d'ail, écrasée
3 carottes
200 g (7 oz) de céleri-rave, pelé et coupé
    en cubes
3 petits navets, pelés et coupés en cubes

400 g (14 oz) de tomates en conserve,
    concassées
1 c. à s. de purée de tomates
1,2 litre (5 tasses) de bouillon de légumes ou
    de poule
1 c. à c. de feuilles d'origan frais
Sel et poivre noir, moulu

Faites chauffer l'huile dans une grande casserole. Mettez-y l'ail et l'oignon à revenir 5 min sur feu doux.

Ajoutez les carottes, le céleri, les navets, les tomates, la purée de tomates, le bouillon et l'origan. Mélangez soigneusement et portez le tout à ébullition.

Réduisez la température, couvrez et laissez mijoter 20 min environ : les légumes doivent être tendres. Salez et poivrez au goût. Servez aussitôt.

Voir variantes p. 77

Variantes

Consommé de poulet aux pâtes

Recette de base p. 49

Consommé crémeux de poulet aux pâtes
Suivez la recette de base, en ajoutant 12 cl (4 oz) de crème 35 % au moment de servir.

Consommé de poulet aux pâtes et aux oignons nouveaux
Suivez la recette de base, en ajoutant 1 bouquet d'oignons nouveaux émincés 1 min avant la fin de la cuisson.

Consommé de poulet aux pâtes et au chorizo
Suivez la recette de base, en ajoutant au bouillon 55 g (2 oz) de chorizo haché.

Consommé épicé de poulet aux pâtes
Suivez la recette de base, en ajoutant aux légumes 2 piments rouges épépinés et hachés.

Consommé de poulet aux pâtes et aux abricots
Suivez la recette de base, en ajoutant 85 g (3 oz) d'abricots secs au bouillon tamisé. Laissez mijoter 15 min avant d'ajouter les pâtes. Pour la suite, reportez-vous à la recette de base.

Soupe épicée lentilles-pois chiches au chorizo

Recette de base p. 51

Soupe épicée lentilles-pois chiches
Suivez la recette de base, en supprimant le chorizo.

Soupe épicée lentilles-flageolets au chorizo
Suivez la recette de base, en remplaçant les pois chiches par des flageolets.

Soupe épicée épaisse lentilles-pois chiches au chorizo
Suivez la recette de base. Avant l'assaisonnement, mixez la moitié de la
soupe. Remettez la soupe mixée en casserole et réchauffez doucement.
Citronnez, salez et poivrez au goût, puis servez.

Soupe épicée lentilles-pois chiches, chorizo et harissa
Suivez la recette de base, en ajoutant 1 c. à c. de pâte de harissa aux autres
épices.

Soupe épicée lentilles-pois chiches, chorizo et coriandre fraîche
Suivez la recette de base. Saupoudrez la soupe de coriandre fraîche ciselée
avant de servir.

Variantes

Soupe carotte-poireau-pomme de terre

Recette de base p. 52

Soupe carotte-poireau-pomme de terre à la moutarde
Suivez la recette de base, en ajoutant à la soupe 1 c. à s. de moutarde
en grains, avant de saler et de poivrer.

Soupe carotte-poireau-pomme de terre au fromage
Suivez la recette de base. Transvasez la soupe à la louche dans des bols,
puis ajoutez du cheddar râpé dans chaque bol.

Soupe carotte-poireau-betterave
Suivez la recette de base, en remplaçant la pomme de terre par une betterave
cuite coupée en cubes.

Soupe carotte-poireau-pomme de terre à la tomate
Suivez la recette de base, en ajoutant aux légumes 400 g (14 oz) de tomates
en conserve concassées.

Soupe carotte-poireau-pomme de terre à la moutarde et au fromage
Suivez la recette de base, en ajoutant 1 c. à s. de moutarde en grains lors
du mixage et en saupoudrant de fromage râpé avant de servir.

Variantes

Soupe aigre-douce au chou rouge et au bacon

Recette de base p. 55

Soupe aigre-douce au chou rouge
Suivez la recette de base, en supprimant le bacon.

Soupe aigre-douce au chou rouge, à la betterave et au bacon
Suivez la recette de base, en ajoutant au chou une betterave crue ou cuite
pelée et taillée en allumettes.

Soupe fruitée aigre-douce au chou rouge et au bacon
Suivez la recette de base, en ajoutant au chou 1 poignée de raisins secs.

Soupe épicée aigre-douce au chou rouge et au bacon
Suivez la recette de base, en ajoutant aux épices 1 c. à c. de graines de cumin
broyées et 1 c. à c. de coriandre en poudre.

Soupe aigre-douce au chou rouge, aux pois chiches et au bacon
Suivez la recette de base, en ajoutant dans la casserole, avec le chou rouge,
400 g (14 oz) de pois chiches en conserve, rincés et égouttés.

Variantes

Ribollita

Recette de base p. 56

Ribollita au chou noir
Suivez la recette de base, en remplaçant le chou de Savoie par du chou noir
toscan (*cavolo nero*).

Ribollita aux haricots
Suivez la recette de base, en remplaçant les flageolets par 400 g (14 oz)
de haricots en conserve mélangés.

Ribollita épicée
Suivez la recette de base, en ajoutant aux tomates $1/2$ c. à c. de piment séché
broyé.

Ribollita et ciabatta
Suivez la recette de base. Découpez en morceaux la moitié d'une ciabatta
(pain italien) et ajoutez à la soupe au moment de verser celle-ci dans les bols.

Ribollita riche en légumes
Suivez la recette de base, en ajoutant aux tomates 2 carottes et 4 branches
de céleri coupées en morceaux.

Variantes

Potage aux haricots verts, toasts au thon et tapenade

Recette de base p. 59

Potage végétarien aux haricots verts, toasts aux œufs et tapenade
Suivez la recette de base, en supprimant les anchois et le thon. Agrémentez chaque toast d'un quart d'œuf dur.

Potage aux fèves, toasts au thon et tapenade
Suivez la recette de base, en remplaçant les haricots verts par des fèves fraîches écossées.

Potage aux haricots d'Espagne, toasts au thon et tapenade
Suivez la recette de base, en remplaçant les haricots verts par des haricots d'Espagne.

Potage aux haricots verts
Suivez la recette de base, en supprimant les toasts au thon et à la tapenade. Servez avec des tranches de pain frais.

Variantes

Soupe de haricots noirs, crème sure à la coriandre

Recette de base p. 60

Soupe de haricots rouges, crème sure à la coriandre
Suivez la recette de base, en remplaçant les haricots noirs par des haricots rouges.

Soupe de haricots noirs, crème sure au persil
Suivez la recette de base, en remplaçant la coriandre par du persil frais ciselé.

Soupe de cocos, crème sure à la coriandre
Suivez la recette de base, en remplaçant les haricots noirs par des cocos de Paimpol.

Soupe de haricots noirs à la tomate, crème sure à la coriandre
Suivez la recette de base, en ajoutant au bouillon 400 g (14 oz) de tomates en conserve concassées. Ajoutez un peu de crème sure et 1 cuillerée de sauce tomate au moment de servir.

Soupe de haricots noirs et tortillas, crème sure aux oignons nouveaux
Suivez la recette de base. Au moment de servir, ajoutez à la surface de chaque bol des chips tortillas, de la crème sure et des oignons nouveaux coupés en lanières.

Variantes

Bouillon de bœuf à l'orge

Recette de base p. 63

Bouillon d'agneau à l'orge
Suivez la recette de base, en remplaçant le bœuf par de la viande d'agneau coupée en cubes.

Bouillon de poulet à l'orge
Suivez la recette de base, en remplaçant le bœuf par 3 escalopes de poulet coupées en cubes et le bouillon de bœuf par du bouillon de poule. Ajoutez le poulet aux légumes plutôt qu'à l'orge.

Bouillon de bœuf à l'orge et aux tomates
Suivez la recette de base, en ajoutant à l'orge 400 g (14 oz) de tomates en conserve concassées.

Bouillon de bœuf à l'orge, parfumé à l'origan
Suivez la recette de base, en remplaçant le thym par de l'origan frais.
Au moment de servir, garnissez de quelques feuilles d'origan supplémentaires.

Variantes

Soupe méditerranéenne

Recette de base p. 64

Soupe méditerranéenne au pesto
Suivez la recette de base, en ajoutant quelques gouttes de pesto au moment
de servir.

Soupe méditerranéenne aux pâtes
Suivez la recette de base, en ajoutant à la soupe, dans la casserole, avec
les courgettes, 1 bonne poignée de pâtes à potage.

Soupe méditerranéenne au parmesan
Suivez la recette de base. Saupoudrez de lamelles de parmesan au moment
de servir.

Soupe méditerranéenne et bruschettas au pesto
Suivez la recette de base. Faites griller 8 rondelles de baguette de chaque
côté, puis déposez sur chacune un peu de pesto et terminez par un cœur
d'artichaut grillé mariné dans l'huile d'olive, préalablement égoutté. Servez
les bruschettas en accompagnement de la soupe.

Soupe méditerranéenne aux haricots verts
Suivez la recette de base, en ajoutant aux courgettes 150 g (5 oz) de haricots
verts coupés en morceaux.

Variantes

Potage aux tubercules

Recette de base p. 67

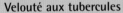

Velouté aux tubercules
Suivez la recette de base. Avant de servir, Passez la soupe au mixeur, jusqu'à obtention d'un velouté. Ajoutez un peu de bouillon si le velouté est trop épais.

Potage aux tubercules et au bacon
Suivez la recette de base, en ajoutant aux oignons et à l'ail 3 tranches de bacon sans la couenne, grossièrement hachées.

Potage à la betterave et autres tubercules
Suivez la recette de base, en remplaçant les navets par une grosse betterave crue, pelée et coupée en cubes.

Potage aux tubercules et aux haricots noirs
Suivez la recette de base, en ajoutant aux légumes 400 g (14 oz) de haricots noirs en conserve, rincés et égouttés.

Crèmes
et veloutés

Rien de tel qu'une grande soupière de velouté

crémeux pour revigorer toute la famille. Légère

et gourmande, riche et savoureuse ou relevée

d'épices : chacun trouvera dans ce chapitre

une soupe à son goût...

Velouté de fenouil au bleu

Pour 4 personnes

La saveur anisée du fenouil contraste avec l'acidité parfumée du bleu, le tout rehaussé par une texture crémeuse. Servez avec des croûtons.

25 g (1 oz) de beurre	1 litre (4 tasses) de bouillon de légumes
2 oignons, hachés	20 cl (7 oz) de crème 15 %
3 bulbes de fenouil, avec le toupet	75 g (2 $^1/_2$ oz) de fromage bleu, émietté
1 pomme de terre, coupée en morceaux	Sel et poivre noir, moulu

Faites fondre le beurre dans une grande casserole. Mettez-y les oignons à revenir 4 min sur feu doux. Pendant ce temps, ôtez les toupets des bulbes de fenouil et réservez-les. Émincez les bulbes et ajoutez-les dans la casserole, avec la pomme de terre et le bouillon. Portez le tout à ébullition. Réduisez la température et laissez mijoter 20 min à couvert : les légumes doivent être tendres.

Passez la soupe au mixeur, jusqu'à obtention d'un velouté. Reversez en casserole. Ajoutez la crème et les trois quarts du fromage, puis salez et poivrez au goût.

Réchauffez la soupe, puis transvasez à la louche dans des bols. Utilisez le reste du fromage et les toupets de fenouil pour garnir chaque bol. Servez aussitôt.

Voir variantes p. 98

Velouté de champignons sauvages à la sauge

Pour 4 personnes

Consommez cette soupe en automne, la saison des champignons.

25 g (1 oz) de beurre
1 oignon, haché
2 gousses d'ail, écrasées
1 c. à s. de farine
1 litre (4 tasses) de bouillon de légumes ou
    de poule

750 g (1lb 10 oz) de champignons sauvages, hachés
6 feuilles de sauge fraîche, ciselées
12 cl (4 oz) de vin blanc
12 cl (4 oz) de crème 35 %
Sel et poivre noir, moulu
Persil frais, ciselé

Faites fondre le beurre dans une grande casserole. Mettez-y l'ail et l'oignon à revenir 4 min sur feu doux. Ajoutez la farine, laissez cuire 1 min supplémentaire, puis versez dessus, progressivement, le bouillon.

Ajoutez les champignons et portez le tout à ébullition. Réduisez la température et laissez mijoter 15 min environ à couvert : les champignons doivent être tendres. Ajoutez la sauge. Réservez deux louches de champignons et passez le reste de la soupe au mixeur, jusqu'à obtention d'un velouté. Reversez en casserole, ajoutez les champignons réservés, le vin et la crème, mélangez bien, puis salez et poivrez au goût. Réchauffez la soupe sans la faire bouillir. Transvasez à la louche dans des bols et saupoudrez de persil. Servez aussitôt.

Voir variantes p. 99

Velouté d'amandes à l'ail et raisins frais

Pour 4 personnes

Cette soupe traditionnelle espagnole est très riche. Servez-la en petites parts, en entrée.

115 g (4 oz) d'amandes mondées
2 gousses d'ail, écrasées
85 g (3 oz) de chapelure blanche
55 cl (18 oz) de bouillon de légumes froid
1 c. à s. de vinaigre de Xérès

Poivre noir, moulu
200 g (7 oz) de grains de raisin blanc, pelés
   et coupés en deux
Glaçons (facultatif)

Faites chauffer une poêle antiadhésive. Mettez-y les amandes à griller 3 min environ sur feu doux, sans cesser de remuer. Réduisez en poudre fine au mixeur. Ajoutez l'ail, la chapelure et un quart du bouillon environ, puis mélangez jusqu'à obtention d'une pâte lisse.

Ajoutez progressivement le reste du bouillon et continuez de mélangez, de façon à obtenir un velouté. Versez le mélange dans une jatte. Ajoutez le vinaigre et poivrez au goût. Réservez au moins 2 h au frais.

Rectifiez l'assaisonnement, puis servez à la louche dans des bols. Ajoutez quelques glaçons dans chacun d'eux (facultatif) et décorez de grains de raisin.

Voir variantes p. 100

Velouté d'épinards à la noix de coco

Pour 4 personnes

Riche et parfumée, cette soupe originale offre une agréable variante aux veloutés plus classiques. Elle s'adapte également aux régimes sans produits lactés.

2 c. à s. d'huile de tournesol
1 oignon, haché
2 gousses d'ail, écrasées
2 piments rouges, épépinés et hachés
2 c. à c. de cumin, en poudre
1 c. à c. de coriandre, en poudre
^{1}/$_2$ c. à c. de curcuma, en poudre

^{1}/$_2$ c. à c. de gingembre, en poudre
55 cl (2 ^{1}/$_4$ tasses) de bouillon de légumes
55 cl (2 ^{1}/$_4$ tasses) de lait de coco
500 g (1 lb 2 oz) d'épinards
Le jus de ^{1}/$_2$ citron
Sel
Noix de coco, râpée et grillée (facultatif)

Faites chauffer l'huile dans une grande casserole. Mettez-y l'ail et les piments à revenir 4 min sur feu doux. Ajoutez le cumin, la coriandre, le curcuma et le gingembre, puis le bouillon et le lait de coco, et portez à ébullition. Réduisez la température et laissez mijoter 10 min à couvert.

Ajoutez les épinards et faites cuire 2 min supplémentaires sur feu doux : les feuilles doivent être flétries. Passez les trois quarts de la soupe au mixeur, jusqu'à obtention d'un velouté. Remettez ce mélange en casserole, ajoutez le jus de citron et salez au goût. Si nécessaire, réchauffez quelques secondes sur feu doux, puis transvasez à la louche dans des bols. Saupoudrez de noix de coco râpée (facultatif) et servez aussitôt.

Voir variantes p. 101

Velouté de poivrons grillés au mascarpone

Pour 4 personnes

Douce et crémeuse, cette soupe au goût subtilement fumé est excellente en été comme au début de l'automne, lorsque poivrons et tomates sont à pleine maturité.

6 poivrons rouges
2 c. à s. d'huile d'olive
1 oignon, haché
2 gousses d'ail, écrasées
3 tomates mûres, pelées et concassées

1,2 litre (5 tasses) de bouillon de légumes
6 c. à s. de mascarpone
Basilic frais + un peu pour le service
Sel et poivre noir, moulu

Préchauffez le four à 450 °F (230 °C). Disposez les poivrons sur une plaque de cuisson et enfournez 30 min : ils doivent être noircis. Mettez-les dans une jatte, couvrez de film étirable et réservez 15 min, de sorte qu'ils aient assez refroidi pour pouvoir être manipulés. Faites chauffer l'huile dans une grande casserole, et mettez-y l'ail et l'oignon à revenir 4 min. Ajoutez les tomates et le bouillon. Portez à ébullition, puis réduisez la température et laissez mijoter 10 min à couvert.

Pelez les poivrons, ôtez-en les pépins, et mettez la chair et le jus dans le bol d'un mixeur. Ajoutez le mascarpone, la soupe et le basilic, et mélangez jusqu'à obtention d'une texture lisse. Salez et poivrez au goût, puis parsemez de feuilles de basilic frais. Servez aussitôt.

Voir variantes p. 102

Velouté de courgettes à l'aneth

Pour 4 personnes

Un velouté léger, au goût très subtil, finement parfumé à l'aneth, à servir chaud.

2 c. à s. d'huile d'olive
1 oignon, haché
2 gousses d'ail, écrasées
1,2 kg (2 lb 12 oz) de courgettes, coupées en
     rondelles
1 litre (4 tasses) de bouillon de légumes ou de poule

$1^1/_2$ c. à s. d'aneth frais ou déshydraté
     + un peu pour le service
12 cl (4 oz) de crème 15 %
Sel et poivre noir, moulu
Le jus de $^1/_4$ citron

Faites chauffer l'huile dans une grande casserole. Mettez-y l'ail et l'oignon à revenir 5 min sur feu doux. Ajoutez les courgettes et le bouillon, et portez le tout à ébullition. Réduisez la température et laissez mijoter 5 à 10 min à couvert : les courgettes doivent être tendres.

Ajoutez l'aneth, puis mixez la soupe, jusqu'à obtention d'un velouté. Incorporez la crème, salez et poivrez au goût, et mélangez à nouveau par brèves impulsions. Citronnez, puis transvasez la soupe à la louche dans des bols et parsemez d'aneth. Servez aussitôt.

Voir variantes p. 103

Soupe de moules au vin blanc

Pour 4 personnes

Servie avec des croûtons, cette soupe élaborée se déguste en entrée comme en plat principal.

1,5 kg (3 lb 5 oz) de moules nettoyées
40 g (1 ¹/₂ oz) de beurre
3 gousses d'ail écrasées
30 cl (10 oz) de vin blanc

75 cl (3 tasses) de court-bouillon
15 cl (5 oz) de crème 35 %
2 c. à s. de persil frais ciselé
Sel et poivre noir, moulu

Jetez les moules qui demeurent ouvertes lorsque vous tapotez la coquille. Faites chauffer le beurre dans une grande casserole et mettez-y l'ail à frire 1 min. Ajoutez les moules, versez la moitié du vin, couvrez hermétiquement et laissez cuire à l'étouffée, à haute température, 4 min environ : les coquilles doivent être ouvertes.

Égouttez les moules sur une autre casserole. Placez l'égouttoir sur un bol et réservez. Ajoutez le reste du vin ainsi que le bouillon au liquide filtré et réchauffez doucement jusqu'au premier bouillon.

Décortiquez les deux tiers des moules (jetez celles qui sont restées fermées) et mélangez à la soupe. Réchauffez quelques secondes, puis retirez la casserole du feu. Ajoutez la crème et le persil, salez et poivrez au goût. Transvasez la soupe à la louche dans des bols, puis ajoutez les moules restantes, avec leur coquille. Servez aussitôt.

Voir variantes p. 104

Crème d'oignons à la ciboulette

Pour 4 personnes

Cette soupe épaisse et riche est idéale pour réchauffer les froides soirées d'hiver.

2 c. à s. d'huile d'olive
1 kg (2 lb 4 oz) d'oignons d'Espagne, hachés
1 petite pomme de terre, coupée en cubes
1,2 litre (5 tasses) de bouillon de légumes ou
   de poule
20 cl (5 oz) de crème 35 %

2 c. à s. de ciboulette fraîche, ciselée
   + un peu pour le service
Sel et poivre noir, moulu
Gressins

Faites chauffer l'huile dans une grande casserole. Mettez-y les oignons à cuire 20 min sur feu doux, jusqu'à ce qu'ils soient tendres et translucides. Ajoutez la pomme de terre et le bouillon, puis mélangez. Portez le tout à ébullition. Réduisez la température, couvrez et laissez mijoter 10 min environ : la pomme de terre doit être tendre.

Passez la soupe au mixeur, jusqu'à obtention d'un velouté. Reversez dans la casserole préalablement rincée. Incorporez la crème et la ciboulette, salez et poivrez au goût. Réchauffez sans faire bouillir.

Transvasez la soupe à la louche dans des bols. Servez-la bien chaude, parsemée de ciboulette ciselée et accompagnée de gressins.

Voir variantes p. 105

Velouté de cresson

Pour 4 personnes

Une recette légère et crémeuse, idéale pour mettre en valeur le goût poivré du cresson. Servez cette soupe en entrée, voire en plat principal, accompagnée de croûtons.

25 g (1 oz) de beurre
1 oignon, haché
1 pomme de terre, coupée en morceaux
75 cl (3 tasses) de bouillon de légumes ou
    de poule

225 g (8 oz) de cresson
30 cl (10 oz) de lait
4 c. à s. de crème 35 %
Sel et poivre noir, moulu

Faites fondre le beurre dans une grande casserole. Mettez-y l'oignon à revenir 4 min sur feu doux. Ajoutez la pomme de terre et le bouillon, puis mélangez. Portez à ébullition. Réduisez la température, couvrez et laissez mijoter 15 min environ : la pomme de terre doit être tendre.

Pendant ce temps, séparez les tiges des feuilles du cresson et coupez-les en petits morceaux. Ajoutez-les à la soupe et laissez mijoter 1 min environ, puis répétez l'opération avec les trois quarts des feuilles.

Passez la soupe au mixeur, jusqu'à obtention d'un velouté. Reversez dans la casserole préalablement rincée, ajoutez le lait et la crème, puis réchauffez sans faire bouillir. Réservez quelques-unes des feuilles de cresson restantes pour le service et ajoutez les autres à la soupe. Salez et poivrez au goût. Au moment de servir, parsemez de feuilles de cresson restantes.

Voir variantes p. 106

Velouté de pommes de terre à l'ail

Pour 4 personnes

Une soupe parfumée, onctueuse et revigorante.

2 c. à s. d'huile d'olive
1 oignon, haché
6 gousses d'ail, écrasées
2 grosses pommes de terre, coupées
    en morceaux
80 cl (28 oz) de bouillon de poule

40 cl (14 oz) de lait
Le jus de $^1/_2$ citron
Sel et poivre noir, moulu
4 c. à s. de crème 15 %
2 c. à s. de persil frais, ciselé

Faites chauffer l'huile dans une grande casserole. Mettez-y l'ail et l'oignon à revenir 4 min sur feu doux. Ajoutez les pommes de terre et le bouillon, et portez le tout à ébullition. Réduisez la température et laissez mijoter 15 min environ à couvert : les pommes de terre doivent être tendres.

Passez la soupe au mixeur, jusqu'à obtention d'un velouté. Reversez dans la casserole préalablement rincée, ajoutez le lait, puis réchauffez sans faire bouillir. Citronnez, puis salez et poivrez au goût.

Transvasez la soupe à la louche dans des bols. Déposez une cuillerée de crème, ajoutez une pincée de poivre noir et saupoudrez de persil. Servez aussitôt.

Voir variantes p. 107

Variantes

Velouté de fenouil au bleu

Recette de base p. 79

Velouté de céleri au bleu et à la ciboulette
Suivez la recette de base, en remplaçant le fenouil et la pomme de terre par 450 g (1 lb) de céleri-rave et agrémentez de ciboulette.

Velouté de fenouil au fromage de chèvre
Suivez la recette de base, en remplaçant le bleu par 100 g (3 ½ oz) de fromage de chèvre coupé en cubes.

Velouté de fenouil au bleu, toasts à la poire
Suivez la recette de base, en prévoyant un peu plus de bleu. Faites griller 4 morceaux de baguette des deux côtés. Garnissez de bleu et d'un quartier de poire pelé. Déposez un toast à la surface de chaque bol de soupe et servez.

Velouté de fenouil, toasts au fromage de chèvre
Suivez la recette de base, en supprimant le bleu. Faites griller 4 tranches de pain aux noix sur un côté. Retournez-les, étalez du chèvre et faites griller jusqu'à ce que le fromage ait fondu. Servez en accompagnement de la soupe.

Velouté de fenouil et de céleri au bleu
Suivez la recette de base, en ajoutant 2 bulbes de fenouil et 6 branches de céleri coupés en rondelles.

Velouté de champignons sauvages à la sauge

Recette de base p. 81

Velouté de champignons sauvages au thym
Suivez la recette de base, en ajoutant 1 c. à c. de thym frais au bouillon,
en remplacement de la sauge.

Velouté de bolets à la sauge
Suivez la recette de base, en remplaçant les champignons sauvages par
des bolets. Faites tremper 20 min 15 g (1/2 oz) de bolets séchés dans un peu d'eau
bouillante, puis ajoutez-les à la soupe avec l'eau de trempage et le bouillon.

Velouté de champignons sauvages, toasts à l'ail
Suivez la recette de base. Battez 60 g (2 oz) de beurre avec 2 gousses d'ail
écrasées et poivrez. Faites griller 8 morceaux de baguette, étalez sur chacun un
peu de beurre aillé et servez en accompagnement de la soupe.

Velouté de champignons sauvages et de poulet à la sauge
Suivez la recette de base. Émincez 2 escalopes de poulet cuites sans la peau,
ajoutez-les à la soupe et réchauffez avant de servir.

Velouté de champignons sauvages à la sauge et bacon croustillant
Suivez la recette de base. Avant de servir, faites griller 3 tranches de bacon sans
la couenne, puis coupez-les en petits morceaux et garnissez-en la soupe.

Variantes

Velouté d'amandes à l'ail et raisins frais

Recette de base p. 82

Velouté de noisettes à l'ail et raisins frais
Suivez la recette de base, en remplaçant les amandes par des noisettes mondées.

Velouté d'amandes à l'ail, toasts à l'ail
Suivez la recette de base. Avant de servir, faites griller 8 morceaux de baguette des deux côtés. Frottez un côté avec une gousse d'ail coupée en deux, puis versez quelques gouttes d'huile d'olive extravierge sur chacun. Servez en accompagnement de la soupe, en remplacement du raisin.

Velouté d'amandes à l'ail, raisins frais et menthe fraîche
Suivez la recette de base, en saupoudrant chaque bol de soupe de menthe fraîche ciselée.

Velouté d'amandes à l'ail, raisins frais et persil frais
Suivez la recette de base, en saupoudrant chaque bol de soupe de persil frais ciselé.

Velouté d'amandes à l'ail, raisins frais et oignons nouveaux
Suivez la recette de base. Émincez très finement 2 oignons nouveaux et garnissez-en la soupe avec les raisins secs.

Variantes

Velouté d'épinards à la noix de coco

Recette de base p. 85

Velouté d'épinards à la noix de coco et au curry
Suivez la recette de base, en remplaçant les épices en poudre par 2 c. à s.
de pâte de curry.

Velouté d'épinards à la noix de coco, recette thaïe
Suivez la recette de base, en remplaçant le cumin, la coriandre et le curcuma
par 2 c. à s. de pâte de curry vert.

Velouté de brocolis à la noix de coco
Suivez la recette de base, en remplaçant les épinards par des brocolis. Séparez
les fleurs de brocolis et laissez cuire 10 min : elles doivent être tendres.
Ajoutez à la soupe avant de mixer.

Crème d'épinards
Suivez la recette de base, en utilisant 1 litre (4 tasses) de bouillon de légumes
et en supprimant le piment, les épices et le lait de coco. Ajoutez 12 cl (4 oz)
de crème 15 % avant d'assaisonner au goût avec du sel, du poivre et
de la noix de muscade fraîchement râpée.

Variantes

Velouté de poivrons grillés au mascarpone

Recette de base p. 86

Velouté froid de poivrons grillés au mascarpone
Suivez la recette de base et laissez refroidir. Réservez au moins 2 h au frais, puis servez agrémenté de feuilles de basilic frais.

Velouté de poivrons grillés à la crème 35 %
Suivez la recette de base, en remplaçant le mascarpone par de la crème 35 %. Déposez 1 cuillerée de crème 35 % à la surface de chaque bol de soupe et agrémentez de feuilles de basilic frais.

Velouté de poivrons grillés au mascarpone et à la ciboulette
Suivez la recette de base, en supprimant le basilic. Ajoutez à la soupe mixée 2 c. à s. de ciboulette fraîche ciselée et parsemez de ciboulette au moment de servir.

Velouté tricolore de poivrons grillés au mascarpone
Suivez la recette de base, en utilisant un mélange de poivrons rouges, orange et jaunes.

Velouté épicé de poivrons grillés au mascarpone
Suivez la recette de base, en ajoutant à l'oignon et à l'ail 2 piments rouges épépinés et hachés.

Velouté de courgettes à l'aneth

Recette de base p. 89

Velouté de courges à l'aneth
Suivez la recette de base, en remplaçant les courgettes par des courges épépinées.

Velouté de courgettes à la ciboulette
Suivez la recette de base, en supprimant l'aneth. Ajoutez à la soupe mixée 2 c. à s. de ciboulette fraîche ciselée et parsemez de ciboulette au moment de servir.

Velouté de courgettes et d'épinards à l'aneth
Suivez la recette de base, en ajoutant 3 grosses poignées de feuilles d'épinards 2 min environ avant la fin de la cuisson. Mixez et assaisonnez comme pour la recette de base.

Velouté de courgettes et de brocolis à l'aneth
Suivez la recette de base, en utilisant 500 g (1 lb 2 oz) de courgettes et 500 g (1 lb 2 oz) de brocolis coupés en morceaux.

Velouté froid de courgettes à l'aneth
Suivez la recette de base, laissez refroidir, puis réservez au moins 2 h au frais avant de servir.

Variantes

Soupe de moules au vin blanc

Recette de base p. 90

Soupe de moules au vermouth
Suivez la recette de base, en remplaçant le vin blanc par du vermouth.

Soupe de moules au vin blanc et à la ciboulette
Suivez la recette de base, en remplaçant le persil par de la ciboulette ciselée.

Soupe de moules au cidre
Suivez la recette de base, en remplaçant le vin blanc par du cidre.

Soupe de moules au vin blanc et aux échalotes
Suivez la recette de base, en utilisant 1 seule gousse d'ail et 3 échalotes finement hachées.

Soupe de crabe au vin blanc
Suivez la recette de base, en supprimant les moules. Ajoutez 2 boîtes de 170 g (6 oz) de chair de crabe au bouillon.

Variantes

Crème d'oignons à la ciboulette

Recette de base p. 93

Crème d'oignons au vin blanc et à la ciboulette
Suivez la recette de base, en utilisant 1 litre (4 tasses) de bouillon et
20 cl (7 oz) de vin blanc.

Crème d'oignons au thym
Suivez la recette de base, en ajoutant au bouillon 1 c. à c. de thym frais,
en remplacement de la ciboulette.

Crème d'oignons à la ciboulette, toasts à l'ail
Suivez la recette de base. Avant de servir, découpez une baguette en tronçons
retaillés en diagonale. Faites griller les morceaux de chaque côté – ils doivent
être bien dorés –, puis étalez sur chacun d'eux un peu de beurre aillé. Servez
en accompagnement de la soupe.

Crème d'oignons aux oignons nouveaux
Suivez la recette de base, en remplaçant la ciboulette par de fines lanières
d'oignons nouveaux.

Variantes

Velouté de cresson

Recette de base p. 94

Velouté froid de cresson
Suivez la recette de base, laissez refroidir, puis réservez au moins 2 h au frais avant de servir.

Velouté de cresson aux oignons nouveaux
Suivez la recette de base, en ajoutant au cresson 1 botte d'oignons nouveaux émincés.

Velouté de cresson sans produits lactés
Suivez la recette de base, en remplaçant le lait par du lait de soja. (Veillez à ne pas faire bouillir la soupe, pour éviter qu'elle n'épaississe.)

Velouté de cresson et d'épinards
Suivez la recette de base, en ajoutant au cresson 2 grosses poignées de feuilles d'épinards.

Velouté de pommes de terre à l'ail

Recette de base p. 97

Velouté de pommes de terre à l'ail et à la sauge
Préparez le velouté selon la recette de base, en remplaçant le persil par
2 c. à c. de sauge fraîche ciselée.

Velouté de pommes de terre et de poireaux à l'ail
Préparez le velouté selon la recette de base, en remplaçant l'oignon par
1 poireau émincé.

Velouté de pommes de terre et de carottes à l'ail
Préparez le velouté selon la recette de base, en utilisant 1 pomme de terre
et 3 carottes coupées en rondelles.

Velouté de pommes de terre à l'ail et chips
Préparez le velouté selon la recette de base. Servez le velouté agrémenté
d'une poignée de chips de pommes de terre légèrement émiettées.

Velouté de pommes de terre à l'ail et bacon croustillant
Préparez le velouté selon la recette de base. Avant de servir, faites griller
4 tranches de bacon sans la couenne jusqu'à ce qu'elles soient croustillantes
puis coupez-les en petits morceaux et garnissez-en les bols de soupe.

Plats uniques

Des éléments nutritifs, des ingrédients sains

et des ensembles équilibrés : les soupes sont aussi

la base de repas complets. Quelle que soit la recette

que vous choisirez ici, elle vous rassasiera jusqu'au

prochain repas. Et tout en saveur...

Potage de la mer

Ce bouillon s'inspire de traditionnels ragoûts de poisson, comme la bouillabaisse, qui peuvent varier selon la prise du jour.

2 c. à s. d'huile d'olive
1 oignon, finement haché
3 gousses d'ail, écrasées
400 g (14 oz) de tomates en conserve, concassées
80 cl (28 oz) de court-bouillon
$^1/_4$ c. à c. de piment séché, broyé
1 c. à c. de thym frais
750 g (1 lb 10 oz) de moules, nettoyées

450 g (1 lb) de poisson blanc à chair ferme, coupé en morceaux
200 g (7 oz) de crevettes roses crues, décortiquées et déveinées
2 c. à s. de persil frais, ciselé
Sel et poivre noir, moulu
Pain frais

Faites chauffer l'huile dans une grande casserole. Mettez-y l'ail et l'oignon à revenir 4 min. Ajoutez les tomates, le bouillon, le piment et le thym. Portez à ébullition, puis réduisez la température et laissez mijoter 20 min à couvert. Jetez les moules qui restent ouvertes lorsque vous tapotez la coquille. Dans une grande casserole, portez à ébullition 4 c. à s. d'eau. Ajoutez les moules, couvrez hermétiquement et laissez cuire 5 min environ : les moules doivent être ouvertes. Égouttez, jetez celles qui sont restées fermées. Décortiquez-en les trois quarts et réservez-les toutes. Incorporez le poisson et les crevettes à la soupe, et laissez mijoter 2 à 3 min : le poisson doit être cuit et les crevettes doivent être roses. Ajoutez les moules, puis réchauffez quelques secondes. Salez et poivrez au goût, puis saupoudrez de persil. Servez aussitôt, accompagné de morceaux de pain frais croustillant.

Voir variantes p. 128

Bouillon de bœuf au piment, tortilla chips au fromage

Pour 4 personnes

Une soupe nourrissante pour réchauffer toute la famille. Vous pouvez proposer davantage de tortilla chips ou du pain frais.

2 c. à s. d'huile d'olive
1 oignon, finement haché
2 gousses d'ail, écrasées
3 piments rouges, épépinés et hachés
250 g (9 oz) de viande de bœuf, émincée
2 c. à c. de cumin, en poudre
400 g (14 oz) de tomates en conserve, concassées
1 c. à c. de purée de tomates séchées

1 poivron vert, épépiné et haché
400 g (14 oz) de haricots rouges en conserve,
  rincés et égouttés
80 cl (28 oz) de bouillon de bœuf
$1/2$ c. à c. de thym frais
Sel et poivre noir, moulu
2 poignées de tortilla chips
Cheddar râpé

Faites chauffer l'huile dans une grande casserole. Mettez-y l'ail, l'oignon et les piments à revenir 4 min sur feu doux. Ajoutez la viande de bœuf et faites dorer sur tous les côtés 5 min environ, en remuant souvent. Incorporez le cumin, les tomates, la purée de tomates séchées, le bouillon et le thym, et portez le tout à ébullition. Réduisez la température et laissez mijoter 15 min à couvert. Ajoutez le poivron et les haricots rouges, et laissez mijoter 10 min de plus. Salez et poivrez au goût. Transvasez la soupe à la louche dans des bols, puis agrémentez chaque part de tortilla chips et de fromage râpé. Servez aussitôt.

Voir variantes p. 129

Soupe marocaine à l'agneau, couscous à la menthe

Pour 4 personnes

Cette recette est inspirée du traditionnel tajine marocain, cuisiné avec de l'agneau, des épices et des abricots secs.

3 c. à s. d'huile d'olive
1 oignon, finement haché
2 gousses d'ail, écrasées
350 g (12 oz) de viande d'agneau maigre, coupée en cubes
$1/4$ c. à c. de piment de Cayenne
1 c. à c. paprika
1 c. à c. de cumin, en poudre
1 c. à c. de coriandre, en poudre

2 c. à c. de cannelle, en poudre
400 g (14 oz) de tomates en conserve, concassées
1,5 litre (6 tasses) de bouillon de bœuf ou d'agneau
115 g (4 oz) d'abricots secs, coupés en deux
140 g (5 oz) de graines de couscous
20 cl (6 oz) d'eau bouillante
Sel et poivre noir, moulu
2 c. à s. de menthe fraîche, ciselée

Faites chauffer 2 c. à s. d'huile dans une grande casserole. Mettez-y l'ail et l'oignon à revenir 4 min sur feu doux. Ajoutez l'agneau, le piment de Cayenne, le paprika, le cumin, la coriandre, la cannelle, les tomates, le bouillon et les abricots secs. Portez le tout à ébullition, réduisez la température, couvrez et laissez mijoter 1 h 30 environ : l'agneau doit être tendre. Mettez les graines de couscous dans une jatte, salez et mélangez à la fourchette avec l'huile restante. Versez l'eau bouillante et laissez gonfler 5 min. Égrainez le couscous, ajoutez presque toute la menthe, répartissez en formant un tas au milieu de chaque bol. Salez et poivrez la soupe, puis transvasez à la louche dans les bols autour du couscous. Saupoudrez du reste de menthe.

Voir variantes p. 130

Soupe de haddock aux haricots mange-tout

Pour 4 personnes

Le goût fumé du haddock et la texture tendre des haricots mange-tout s'associent à merveille dans ce potage de poisson nourrissant.

2 c. à s. d'huile d'olive
1 oignon, finement haché
50 cl (16 oz) de court-bouillon
350 g (12 oz) de haddock
2 grosses pommes de terre, coupées en cubes

70 cl (24 oz) de lait
200 g (7 oz) de haricots mange-tout, coupés en morceaux
2 c. à s. de persil frais, ciselé
Sel et poivre noir, moulu

Faites chauffer l'huile dans une grande casserole. Mettez-y l'oignon à revenir 5 min sur feu doux. Versez le bouillon, ajoutez le haddock et faites chauffer jusqu'au premier bouillon. Pochez 6 min environ : le poisson doit être cuit. À l'aide d'une pelle à poisson, ôtez ce dernier de la casserole. Remplacez-le par les pommes de terre et portez le tout à ébullition. Réduisez la température et laissez mijoter 10 min à couvert : les pommes de terre doivent être tendres. Ôtez la peau du haddock et découpez la chair en lamelles, en retirant les arêtes. Transvasez à la louche la moitié de la soupe dans le bol d'un mixeur et actionnez jusqu'à obtention d'un velouté. Reversez en casserole. Ajoutez le lait et les haricots, et faites chauffer doucement jusqu'au premier bouillon. Mettez le poisson dans la casserole et réchauffez 2 min : les haricots doivent être tendres. Salez et poivrez au goût, parsemez de persil, puis servez.

Voir variantes p. 131

Potage aux pâtes et boulettes de viande

Pour 4 personnes

Un potage riche en protéines, nourrissant et revigorant.

250 g (9 oz) de viande de bœuf maigre
1/2 oignon, râpé
2 gousses d'ail, écrasées
1/2 c. à c. d'origan, déshydraté
1 c. à s. de parmesan râpé
    + un peu pour le service
Sel et poivre noir, moulu

1 c. à s. d'huile d'olive
400 g (14 oz) de tomates en conserve, concassées
75 cl (3 tasses) de bouillon de bœuf
1 c. à s. de purée de tomates
100 g (3 1/2 oz) de farfalle
    (ou autres pâtes de petite taille)
Origan frais

Passez au mixeur la viande de bœuf, l'oignon, la moitié de l'ail, de l'origan et du parmesan, salez et poivrez. Formez vingt petites boules avec ce mélange. Faites chauffer l'huile dans une grande casserole. Mettez-y les boulettes à dorer. Procédez en plusieurs fois si nécessaire. Une fois qu'elles sont toutes dorées, mettez-les sur une assiette.

Ajoutez le reste de l'ail dans la casserole et faites-le frire 1 min. Incorporez les boulettes, les tomates, le bouillon, la purée de tomates et le reste d'origan. Salez et poivrez au goût, puis laissez mijoter 15 min sur feu doux. Ajoutez les pâtes et laissez mijoter 8 à 10 min de plus : les pâtes doivent être tendres. Rectifiez l'assaisonnement si nécessaire, puis saupoudrez de parmesan et d'origan. Servez aussitôt.

Voir variantes p. 132

Soupe épicée à la saucisse et aux cocos roses

Pour 4 personnes

Cette soupe sera bien réconfortante après une longue promenade d'hiver. Elle peut être préparée à l'avance et réchauffée.

2 c. à s. d'huile d'olive
5 saucisses de porc de bonne qualité
1 oignon, haché
2 gousses d'ail, finement hachées
1 1/2 piment rouge, épépiné et haché
400 g (14 oz) de tomates en conserve, concassées

75 cl (3 tasses) de bouillon de bœuf ou de poule
2 boîtes de 400 g (14 oz) de cocos roses (ou haricots borlotti), rincés et égouttés
2 c. à s. de persil frais, ciselé
Sel et poivre noir, moulu

Faites chauffer l'huile dans une grande casserole. Mettez-y les saucisses à dorer rapidement sur tous les côtés puis ôtez-les de la casserole. Dans la même casserole, faites frire l'oignon, l'ail et les piments 3 min sur feu doux. Coupez les saucisses en tronçons épais et remettez-les en casserole. Ajoutez les tomates et le bouillon. Portez le tout à ébullition, puis réduisez la température et laissez mijoter 20 min à couvert.

Mettez la moitié des cocos dans le bol d'un mixeur et ajoutez quelques louches de bouillon. Actionnez jusqu'à obtention d'une texture lisse, puis mélangez cette purée à la soupe. Incorporez le reste des cocos et laissez mijoter 10 min supplémentaires. Salez et poivrez au goût, puis parsemez de persil. Servez aussitôt.

Voir variantes p. 133

Soupe-risotto de courge grillée au fromage de chèvre

Pour 4 personnes

Ce plat, entre soupe et risotto, est à la fois nourrissant et équilibré.

1 courge butternut épépinée, pelée et coupée
    en morceaux
3 c. à s. d'huile d'olive
Sel et poivre noir, moulu
1 oignon, finement haché
2 gousses d'ail, hachées

200 g (7 oz) de riz pour risotto
20 cl (6 oz) de vin blanc
1,2 litre (5 tasses) de bouillon de légumes ou de poule
6 feuilles de sauge fraîches
    + un peu pour le service
100 g (4 oz) de fromage de chèvre, coupé en morceaux

Préchauffez le four à 400 °F (200 °C). Mettez les morceaux de courge dans un plat allant au four, arrosez en filet de 1 c. à s. d'huile d'olive, salez et poivrez. Mélangez bien, de façon à couvrir les morceaux uniformément, et faites griller 30 min : la courge doit être tendre. Pendant ce temps, faites chauffer le reste de l'huile dans une grande casserole. Mettez-y l'ail et l'oignon à revenir 5 min sur feu doux. Ajoutez le riz et laissez cuire 2 min en remuant, puis versez le vin et laissez bouillonner doucement, tout en remuant, jusqu'à ce que le vin soit pratiquement absorbé. Ajoutez le bouillon et portez le tout à ébullition. Réduisez la température, laissez mijoter 20 min environ, en remuant souvent : le riz doit être tendre. Incorporez la sauge et les morceaux de butternut à la soupe, puis salez et poivrez au goût. Transvasez à la louche dans des bols, déposez un peu de fromage de chèvre sur chaque part, puis parsemez de sauge. Servez aussitôt.

Voir variantes p. 134

Soupe de palourdes au vermicelle

Pour 4 personnes

Ce bouillon aromatique propose l'étonnante association de palourdes et de vermicelle. Servez accompagné de morceaux de baguette fraîche, pour saucer le bouillon.

900 g (2 lb) de palourdes, nettoyées
2 c. à s. d'huile d'olive
1 oignon, finement haché
2 gousses d'ail, écrasées
10 cl (4 oz) de vermouth
400 g (14 oz) de tomates en conserve, concassées

1,2 litre (5 tasses) de court-bouillon
1 c. à c. de zeste d'orange
Le jus de 2 oranges
200 g (7 oz) de vermicelle
2 c. à s. de persil frais, ciselé
Sel et poivre noir, moulu

Jetez les palourdes qui ne se ferment pas lorsque vous tapotez la coquille. Faites chauffer l'huile dans une grande casserole. Mettez-y l'ail et l'oignon à revenir 5 min sur feu doux. Ajoutez les palourdes et le vermouth, couvrez et laissez cuire sur feu vif 4 min environ : les palourdes doivent être ouvertes. Ôtez-les du jus de cuisson avec une écumoire et réservez. Ajoutez les tomates, le bouillon, le zeste et le jus d'orange. Portez à ébullition. Réduisez la température et laissez mijoter 10 min à couvert. Pendant ce temps, jetez les palourdes qui ne sont pas ouvertes. Réservez douze palourdes environ dans leur coque, et décortiquez le reste. Ajoutez le vermicelle à la soupe et laissez cuire 2 min : les pâtes doivent être tendres. Incorporez les palourdes et réchauffez. Parsemez de persil, salez et poivrez au goût. Servez la soupe à la louche dans des bols, garnie de palourdes dans leur coque.

Voir variantes p. 135

Soupe épicée poulet-patate douce au lait de coco

Pour 4 personnes

Épicé, crémeux, parfumé au gingembre, ce potage savoureux, qui contient des morceaux de poulet et de patate douce, constitue un repas complet.

2 c. à s. d'huile de tournesol
1 oignon, finement haché
3 gousses d'ail, écrasées
2 c. à c. de racine de gingembre, râpée
2 piments verts, épépinés et finement hachés
$^1/_2$ c. à c. de curcuma
2 c. à c. de cumin, en poudre
1 c. à c. de coriandre, en poudre

2 patates douces, coupées en cubes
2 escalopes de poulet sans la peau, coupées en morceaux
1 boîte de 40 cl (14 oz) de lait de coco
80 cl (28 oz) de bouillon de poule
Le jus de $^1/_2$ citron
Sel et poivre noir, moulu
Coriandre fraîche, ciselée

Faites chauffer l'huile dans une grande casserole. Mettez-y l'oignon à revenir 3 min sur feu doux. Ajoutez l'ail, le gingembre et les piments, et laissez mijoter 2 min supplémentaires. Incorporez le curcuma, le cumin et la coriandre, puis les patates douces, le poulet, le lait de coco et le bouillon. Portez le tout à ébullition. Réduisez la température et laissez mijoter 15 min à couvert : les pommes de terre et le poulet doivent être cuits. Écrasez la moitié environ des patates douces à la fourchette ou avec le dos d'une cuillère. Remuez la soupe pour incorporer les patates écrasées. Salez et poivrez au goût, citronnez, puis saupoudrez de coriandre ciselée. Servez aussitôt.

Voir variantes p. 136

Soupe de porc aux pois chiches et à l'orange

Pour 4 personnes

Légèrement épicée et parfumée à l'orange, cette soupe nourrissante rappelle à la fois le ragoût et le bouillon.

2 c. à s. d'huile d'olive
1 oignon, finement haché
2 gousses d'ail, écrasées
250 g (9 oz) de longe de porc, dégraissée et
    coupée en morceaux
2 c. à c. de cumin, en poudre
2 c. à c. de coriandre, en poudre
Le zeste et le jus de 1 orange

400 g (14 oz) de tomates en conserve,
    concassées
80 cl (28 oz) de bouillon de poule ou de porc
Sel et poivre noir, moulu
400 g (14 oz) de pois chiches en conserve, rincés
    et égouttés
2 c. à s. de persil frais, ciselé
Le jus de $1/2$ citron

Faites chauffer l'huile dans une grande casserole. Mettez-y l'ail et l'oignon à revenir 4 min sur feu doux. Ajoutez le porc, saupoudrez de cumin et de coriandre, et faites revenir le tout 1 min, en remuant. Ajoutez le zeste et le jus d'orange, les tomates et le bouillon, puis salez et poivrez au goût. Portez à ébullition, puis réduisez la température. Couvrez et laissez mijoter 20 min.

Incorporez les pois chiches et laissez mijoter 10 min de plus : le porc doit être tendre. Rectifiez l'assaisonnement si nécessaire, ajoutez le persil et le jus de citron. Servez aussitôt.

Voir variantes p. 137

Variantes

Potage de la mer

Recette de base p. 109

Potage de la mer aux crevettes roses
Suivez la recette de base, avec 900 g (2 lb) de poisson blanc à chair ferme et
400 g (14 oz) de crevettes roses. Supprimez les moules.

Potage de la mer parfumé
Suivez la recette de base, en supprimant le thym. Au moment de servir,
ajoutez 1 bonne poignée de coriandre fraîche ciselée.

Potage de la mer au curry
Suivez la recette de base, en remplaçant le thym par 2 c. à s. de pâte de curry.
Saupoudrez de menthe fraîche ciselée et servez.

Potage de la mer à la menthe fraîche
Suivez la recette de base, en supprimant le thym. Au moment de servir,
ajoutez 2 c. à c. de menthe fraîche ciselée et mélangez, puis saupoudrez
à nouveau de menthe.

Potage de la mer à la coriandre fraîche
Suivez la recette de base, en supprimant le thym. Saupoudrez de menthe
fraîche ciselée et servez.

Variantes

Bouillon de bœuf au piment, tortilla chips au fromage

Recette de base p. 111
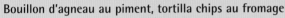

Bouillon d'agneau au piment, tortilla chips au fromage
Suivez la recette de base, en remplaçant le bœuf par de la viande d'agneau hachée.

Bouillon de dinde au piment, tortilla chips au fromage
Suivez la recette de base, en remplaçant le bœuf par de la viande de dinde hachée et le bouillon de bœuf par du bouillon de poule.

Bouillon de porc au piment, tortilla chips au fromage
Suivez la recette de base, en remplaçant le bœuf par de la viande de porc hachée.

Bouillon de bœuf à la tomate
Suivez la recette de base, en supprimant le piment. Ajoutez au bouillon 1 c. à s. (plutôt que 1 c. à c.) de purée de tomates séchées et 6 tomates séchées, coupées en fines lanières. Servez accompagné ou non de chips.

Bouillon de bœuf aux pâtes
Suivez la recette de base, en ajoutant 120 g (4 oz) de pâtes 5 min avant la fin de la cuisson. Laissez mijoter jusqu'à ce que les pâtes soient tendres, puis servez sans tortilla chips.

Variantes

Soupe marocaine à l'agneau, couscous à la menthe

Recette de base p. 112

Soupe marocaine à l'agneau et au poivron, couscous à la menthe
Suivez la recette de base, en ajoutant à l'agneau 2 poivrons rouges épépinés et hachés.

Soupe marocaine au poulet, couscous à la menthe
Suivez la recette de base avec du bouillon de poule, en remplaçant l'agneau par 4 escalopes de poulet, sans la peau, coupées en cubes. Laissez cuire 30 min seulement.

Soupe marocaine aux pois chiches, couscous à la menthe
Suivez la recette de base, en remplaçant l'agneau par 400 g (14 oz) de pois chiches en conserve, rincés et égouttés, et le bouillon de viande par du bouillon de légumes. Laissez cuire 30 min seulement.

Soupe marocaine au poisson, couscous à la menthe
Suivez la recette de base, en supprimant l'agneau et en utilisant du court-bouillon. Laissez cuire 30 min, puis ajoutez 450 g (1 lb) de poisson blanc à chair ferme, coupé en morceaux, et poursuivez la cuisson 5 min.

Soupe marocaine à l'agneau et aux pruneaux, couscous à la menthe
Suivez la recette de base, en remplaçant les abricots secs par des pruneaux.

Variantes

Soupe de haddock aux haricots mange-tout

Recette de base p. 115

Soupe de haddock aux haricots mange-tout et bacon

Suivez la recette de base, en ajoutant aux oignons 3 tranches de bacon sans la couenne, grossièrement hachées.

Soupe de haddock aux haricots mange-tout et riz

Suivez la recette de base. Pendant ce temps, faites cuire 200 g (7 oz) de riz dans une casserole d'eau bouillante, puis égouttez-le soigneusement. Servez le riz à la cuillère dans les bols, puis versez la soupe à la louche par-dessus.

Soupe de haddock épicée aux haricots mange-tout

Suivez la recette de base, en ajoutant à l'oignon 1 piment rouge épépiné et haché.

Soupe de haddock aux haricots mange-tout et au poivron vert

Suivez la recette de base, en ajoutant aux pommes de terre 1 poivron vert épépiné et coupé en cubes.

Soupe de haddock aux petits pois

Suivez la recette de base, en ajoutant au lait 150 g (5 oz) de petits pois décongelés. Supprimez les haricots mange-tout.

Variantes

Potage aux pâtes et boulettes de viande

Recette de base p. 116

Potage aux pâtes et boulettes de dinde
Suivez la recette de base, en remplaçant le bœuf par de la viande de dinde hachée et le bouillon de bœuf par du bouillon de poule.

Potage aux pâtes, aux boulettes de viande et aux flageolets
Suivez la recette de base, en ajoutant aux pâtes 400 g (14 oz) de flageolets en conserve, rincés et égouttés.

Potage aux pâtes et boulettes de porc
Suivez la recette de base, en remplaçant le bœuf par de la viande de porc hachée.

Potage aux pâtes et aux flageolets
Suivez la recette de base, en supprimant la viande et le parmesan râpé. Remplacez le bouillon de bœuf par du bouillon de légumes. Faites frire l'ail et l'oignon 5 min dans l'huile, puis ajoutez l'origan, les tomates et les autres ingrédients. Ajoutez 2 boîtes de 400 g (14 oz) de flageolets préalablement rincés et égouttés, en remplacement des boulettes de viande.

Soupe épicée à la saucisse et aux cocos roses

Recette de base p. 119

Soupe aux cocos roses
Suivez la recette de base, avec des saucisses végétariennes et du bouillon de légumes.

Bouillon épicé à la saucisse et aux cocos roses
Suivez la recette de base, en ajoutant 1 boîte de 400 g (14 oz) de cocos roses préalablement rincés et égouttés. Laissez mijoter et servez sans mixer la soupe.

Soupe parfumée à la saucisse et aux cocos roses
Suivez la recette de base, en remplaçant les piments par 1 c. à c. de paprika.

Soupe épicée à la saucisse, aux cocos roses et aux poivrons grillés
Suivez la recette de base, en ajoutant aux cocos roses 3 poivrons rouges grillés en bocal.

Variantes

Soupe-risotto de courge grillée au fromage de chèvre

Recette de base p. 120

Soupe-risotto de courge grillée au fromage bleu
Suivez la recette de base, en remplaçant le fromage de chèvre par 100 g (4 oz) de bleu.

Soupe-risotto de courge grillée aux câpres et à la ciboulette
Suivez la recette de base, en supprimant la sauge. Ajoutez à la soupe mixée 2 c. à s. de ciboulette fraîche ciselée et parsemez de 2 c. à c. de câpres hachées.

Soupe-risotto de betteraves grillées au fromage de chèvre
Suivez la recette de base, en remplaçant la courge par 2 ou 3 betteraves crues. Faites-les griller 10 à 15 min supplémentaires.

Soupe-risotto de courge grillée au thym et au fromage de chèvre
Suivez la recette de base, en remplaçant la sauge par 1 c. à c. de thym frais.

Variantes

Soupe de palourdes au vermicelle

Recette de base p. 123

Soupe de moules au vermicelle
Suivez la recette de base, en remplaçant les palourdes par des moules.

Soupe de poisson au vermicelle
Suivez la recette de base, en remplaçant les palourdes par 350 g (12 oz) de poisson blanc à chair ferme. Pochez le poisson dans le vermouth jusqu'à ce qu'il soit presque cuit, puis découpez en gros morceaux, en ôtant la peau et les arêtes, et ajoutez à la soupe à la dernière minute, au moment de réchauffer.

Soupe de poulet au vermicelle
Suivez la recette de base, en remplaçant les palourdes par 350 g (12 oz) de poulet cuit. Coupez le poulet en morceaux et ajoutez à la soupe à la dernière minute, au moment de réchauffer.

Soupe de crevettes roses au vermicelle
Suivez la recette de base, en supprimant les palourdes. Ajoutez au vermicelle 350 g (12 oz) de crevettes roses décortiquées et déveinées, et laissez cuire jusqu'à ce que les crevettes soient rosées et les pâtes tendres.

Variantes

Soupe épicée poulet–patate douce au lait de coco

Recette de base p. 124

Soupe épicée poulet–pomme de terre au lait de coco
Suivez la recette de base, en remplaçant les patates douces par des pommes de terre classiques.

Soupe épicée poulet–patate douce–épinards au lait de coco
Suivez la recette de base, en ajoutant 2 belles poignées de pousses d'épinards (ou de feuilles d'épinards émincées) 2 min environ avant la fin de la cuisson.

Soupe épicée poulet–potiron au lait de coco
Suivez la recette de base, en remplaçant les patates douces par du potiron ou de la courge.

Soupe épicée crevettes–patate douce au lait de coco
Suivez la recette de base, en supprimant le poulet. 2 min environ avant la fin de la cuisson, ajoutez 300 g (10 ½ oz) de crevettes géantes tigrées, décortiquées et déveinées, et laissez mijoter jusqu'à ce qu'elles soient rosées et cuites.

Soupe épicée porc–patate douce au lait de coco
Suivez la recette de base, en remplaçant le poulet par 300 g (10 ½ oz) de longe de porc maigre coupée en cubes.

Variantes

Soupe de porc aux pois chiches et à l'orange

Recette de base p. 127

Soupe aux pois chiches et à l'orange

Suivez la recette de base, en supprimant le porc et en utilisant du bouillon
de légumes. Laissez mijoter 20 min, puis ajoutez 400 g (14 oz) de pois chiches
en conserve, préalablement rincés et égouttés. Poursuivez la cuisson 10 min.

Soupe de poulet aux pois chiches et à l'orange

Suivez la recette de base avec du bouillon de poule, en remplaçant le porc
par 2 escalopes de poulet, sans la peau, coupées en cubes.

Soupe d'agneau aux pois chiches et à l'orange

Suivez la recette de base avec du bouillon d'agneau ou de bœuf, en
remplaçant le porc par de l'épaule d'agneau maigre coupée en morceaux.

Soupe de porc aux flageolets et à l'orange

Suivez la recette de base, en remplaçant les pois chiches par des flageolets.

Soupes express

Même dans les moments les plus bousculés, il est toujours temps d'improviser une délicieuse soupe. Bien meilleures qu'une brique réchauffée, voici une appétissante sélection de soupes maison réalisables en moins de vingt minutes.

Velouté de brocolis, toasts au parmesan

Pour 4 personnes

Les toasts aux copeaux de parmesan accompagnent merveilleusement ce velouté, dont ils contribuent à relever la saveur.

2 c. à s. d'huile d'olive
1 oignon, finement haché
2 c. à s. de farine classique
75 cl (3 tasses) de bouillon de légumes ou de poule
450 g (1 lb) de brocolis, en bouquets
35 cl (12 oz) de lait
$1/2$ c. à c. de noix de muscade, râpée

Sel et poivre noir, moulu
Pour les toasts
25 g (1 oz) de beurre, à température ambiante
50 g (1 $3/4$ oz) de parmesan, fraîchement râpé
8 morceaux de baguette
25 g (1 oz) de parmesan, en copeaux

Faites chauffer l'huile dans une grande casserole. Mettez-y l'oignon à revenir 4 min sur feu doux. Ajoutez la farine, laissez cuire 1 min, puis versez le bouillon. Incorporez les brocolis, portez à ébullition, réduisez la température, couvrez et laissez mijoter 7 min : les brocolis doivent être tendres. Passez la soupe au mixeur jusqu'à obtention d'un velouté et reversez en casserole. Ajoutez le lait, la muscade, salez et poivrez au goût. Réchauffez la soupe. Préparez les toasts : battez le beurre avec le parmesan râpé. Faites griller les morceaux de baguette d'un côté, tournez-les et étalez un peu de beurre au parmesan. Parsemez chaque toast de copeaux de parmesan, faites griller jusqu'à ce que la garniture bouillonne et servez avec la soupe.

Voir variantes p. 158

Soupe de pois chiches aux épices et au citron

Pour 4 personnes

Cette soupe parfumée réchauffera vos convives à tout moment de l'année. Utilisez des tomates en conserve concassées lorsque les tomates mûres ne sont plus de saison.

2 c. à s. d'huile d'olive
1 oignon, haché
2 gousses d'ail, écrasées
2 c. à c. de cumin, en poudre
1 c. à c. de cannelle, en poudre
$1/4$ c. à c. de gingembre, en poudre
2 boîtes de 400 g (14 oz) de pois chiches

450 g (1 lb) de tomates mûres, pelées et concassées
1 litre (4 tasses) de bouillon de légumes ou de poule
2 c. à s. de persil frais, ciselé
Le jus de $1/2$ citron
Sel et poivre noir, moulu

Faites chauffer l'huile dans une grande casserole. Mettez-y l'ail et l'oignon à revenir 4 min sur feu doux. Ajoutez le cumin, la cannelle et le gingembre, puis la moitié des pois chiches, les tomates et la majeure quantité du bouillon – réservez-en 20 cl (7 oz) environ.
Portez le tout à ébullition, puis réduisez la température et laissez mijoter 5 min à couvert.

Pendant ce temps, passez le reste des pois chiches au mixeur, jusqu'à obtention d'une purée lisse. Versez cette purée dans la soupe, ajoutez le persil et mélangez. Salez et poivrez au goût, puis citronnez. Servez aussitôt.

Voir variantes p. 159

Soupe de crabe au maïs

Pour 4 personnes

La recette de cette soupe épaisse et épicée est incroyablement simple et rapide,
et très raffinée à la fois.

2 c. à s. d'huile de tournesol
1 oignon, finement haché
1 gousse d'ail, écrasée
1 piment rouge, épépiné et haché
2 pommes de terre, coupées en cubes
1 poivron rouge, épépiné et coupé en petits dés
55 cl (2 tasses) de bouillon

55 cl (2 tasses) de lait
1 boîte de 400 g (7 oz) de chair de crabe,
  égouttée
350 g (12 oz) de pois chiches en conserve,
  égouttés
Sel et poivre noir, moulu
2 c. à s. de persil frais, ciselé

Faites chauffer l'huile dans une grande casserole. Mettez-y l'ail, l'oignon et le piment à revenir
4 min sur feu doux. Ajoutez les pommes de terre, le poivron et le bouillon, et portez le tout
à ébullition. Réduisez la température et laissez mijoter 5 min environ à couvert : les pommes
de terre doivent être tendres.

Passez la moitié de la soupe au mixeur. Ajoutez le lait, la chair de crabe et le maïs dans
la casserole et réchauffez. Incorporez la purée de pois chiches au reste de la soupe, dans
la casserole. Salez et poivrez au goût. Ajoutez le persil et mélangez. Servez aussitôt.

Voir variantes p. 160

Cappelletti in brodo

Pour 4 personnes

Cette soupe italienne de pâtes au bouillon (*brodo*) est traditionnellement servie le jour de l'an. Presque instantanée, elle s'improvise au dernier moment.

1,2 litre (5 tasses) de bouillon de poule
120 g (4 oz) de cappelletti
4 c. à s. de vin blanc

2 c. à s. de persil frais, ciselé
Sel et poivre noir, moulu
Copeaux de parmesan

Dans une grande casserole, portez le bouillon à ébullition. Ajoutez les pâtes et faites-les cuire *al dente* (tendres, mais pas molles), en suivant les indications portées sur l'emballage.

Incorporez le vin et le persil, salez et poivrez au goût. Transvasez la soupe à la louche dans des bols, puis saupoudrez de copeaux de parmesan. Servez aussitôt.

Voir variantes p. 161

Minestrone

Pour 4 personnes

Léger et équilibré, le minestrone est une bonne idée de déjeuner ou de dîner. Variez les légumes selon les saisons.

2 c. à s. d'huile d'olive
1 oignon, finement haché
2 gousses d'ail, écrasées
1 carotte, coupée en quatre dans la longueur, puis émincée
1 courgette, coupée en quatre dans la longueur, puis émincée
100 g (3 ½ oz) de chou vert, coupé en lanières
4 tomates mûres, pelées et concassées
1 c. à s. de purée de tomates séchées
1,2 litre (5 tasses) de bouillon de légumes
100 g (3 ½ oz) de cheveux d'ange ou de vermicelle, coupés en petits tronçons
Sel et poivre noir, moulu

Faites chauffer l'huile dans une grande casserole. Mettez-y l'ail et l'oignon à revenir 4 min sur feu doux. Ajoutez la carotte, la courgette, le chou, les tomates, la purée de tomates et le bouillon. Portez le tout à ébullition, puis réduisez la température et laissez mijoter à 4 min couvert.

Incorporez les pâtes et faites-les cuire 2 min environ, pour qu'elles soient *al dente* (tendres, mais pas molles) ou suivez les indications portées sur l'emballage. Salez et poivrez au goût. Servez aussitôt.

Voir variantes p. 162

Crème de tomates

Pour 4 personnes

Tellement classique et tellement simple à cuisiner ! Improvisez cette soupe à tout moment. Servez-la en entrée ou en plat principal, accompagnée de croûtons.

2 c. à s. d'huile d'olive
1 oignon, haché
3 gousses d'ail, écrasées
2 boîtes de 400 g (14 oz) de tomates,
    concassées
55 cl (2 tasses) de bouillon de légumes

2 poignées de basilic frais
    + un peu pour le service
12 cl de crème 35 %
1/4 c. à c. de sucre en poudre
Sel et poivre noir, moulu

Faites chauffer l'huile dans une grande casserole. Mettez-y l'ail et l'oignon à revenir 4 min sur feu doux. Ajoutez les tomates et le bouillon, et portez le tout à ébullition. Réduisez la température et laissez mijoter 10 min à couvert.

Versez la soupe dans le bol d'un mixeur, ajoutez le basilic et actionnez jusqu'à obtention d'un velouté. Reversez en casserole, ajoutez les deux tiers de la crème, puis réchauffez sans faire bouillir. Sucrez, salez et poivrez au goût.

Transvasez la soupe à la louche dans des bols, puis versez en filet le reste de la crème et parsemez de basilic frais. Servez aussitôt.

Voir variantes p. 163

Soupe de pousses de printemps

Pour 4 personnes

Les pousses de printemps cuisent en quelques minutes et confèrent une saveur très rafraîchissante à cette soupe de légumes.

1 grosse pomme de terre, coupée en cubes
90 cl (30 oz) de bouillon de légumes
2 bottes d'oignons nouveaux, émincés
150 g (5 oz) d'épinards, grossièrement émincés
80 g (3 oz) de roquette, grossièrement émincée
80 g (3 oz) d'oseille, grossièrement émincée

20 cl (7 oz) de vin blanc
12 cl (4 oz) de crème 35 %
    + un peu pour le service (facultatif)
Sel et poivre noir, moulu
Quelques pousses d'épinards ou d'oseille,
    émincées

Dans une grande casserole, mettez la pomme de terre coupée en cubes et le bouillon. Portez à ébullition, puis réduisez la température, couvrez et laissez mijoter 5 min environ : la pomme de terre doit être tendre. Incorporez les oignons nouveaux, les épinards, la roquette et l'oseille. Laissez mijoter 2 à 3 min à couvert : les pousses doivent être flétries.

Versez la soupe dans le bol d'un mixeur et réduisez-la en purée. Reversez en casserole, ajoutez le vin et la crème, puis réchauffez le tout. Salez et poivrez au goût, puis transvasez à la louche dans des bols. Versez en filet un peu de crème (facultatif), puis parsemez de pousses d'épinards ou d'oseille coupées en fines lanières. Servez aussitôt.

Voir variantes p. 164

Bouillon de crevettes aux nouilles

Pour 4 personnes

Pour cette recette venue d'Asie, vous pouvez choisir le type de pâtes à votre convenance, sachant que les vermicelles de blé ou de riz sont les plus appropriés.

2 c. à s. d'huile de tournesol
3 échalotes, finement hachées
2 c. à c. de racine de gingembre, râpée
1 piment vert, épépiné et finement haché
2 c. à c. de pâte de curry vert thaïe
1,2 litre (5 tasses) de bouillon de légumes
175 g (6 oz) de nouilles
2 c. à c. de sucre roux

Le jus de $^1/_2$ citron vert
250 g (9 oz) de crevettes géantes tigrées, cuites et décortiquées
1 botte d'oignons nouveaux, coupés en rondelles
4 poignées de germes de soja
1 bonne poignée de feuilles de coriandre fraîche + un peu pour le service

Faites chauffer l'huile dans une grande casserole. Mettez-y les échalotes, le gingembre, le piment et la pâte de curry à revenir 2 min sur feu doux. Ajoutez le bouillon, portez le tout à ébullition, puis réduisez la température et laissez mijoter 10 min à couvert. Pendant ce temps, faites cuire les nouilles à part dans une casserole d'eau bouillante, en suivant les indications portées sur l'emballage. Égouttez et réservez. Ajoutez le sucre et le jus de citron vert au bouillon, puis les crevettes et les nouilles, et réchauffez. Incorporez les germes de soja et les oignons nouveaux, et mélangez. Transvasez la soupe à la louche dans des bols, puis parsemez de coriandre. Servez aussitôt.

Voir variantes p. 165

Consommé crémeux de poulet au safran

Pour 4 personnes

Rapide à préparer et non moins originale, cette soupe très parfumée est l'entrée idéale d'un repas raffiné.

2 c. à s. d'huile d'olive
1 oignon, finement haché
2 gousses d'ail, écrasées
300 g (10 ½ oz) de poulet cuit, sans la peau et
　désossé, coupé en morceaux
80 cl (28 oz) de bouillon de poule

20 cl (7 oz) de vin blanc
1 bonne pincée de brins de safran
20 cl (7 oz) de crème 35 %
Sel et poivre noir, moulu
2 c. à s. de ciboulette fraîche, ciselée

Faites chauffer l'huile dans une grande casserole. Mettez-y l'ail et l'oignon à revenir 5 min sur feu doux. Ajoutez le poulet, le bouillon et le vin, puis portez à ébullition. Réduisez la température et laissez mijoter 5 min à couvert. Incorporez les brins de safran et poursuivez la cuisson 1 min.

Hors du feu, ajoutez la crème, en mélangeant bien. Salez et poivrez au goût, puis transvasez à la louche dans des bols. Parsemez de ciboulette ciselée.

Voir variantes p. 166

Velouté de céleri au xérès

Pour 4 personnes

Le goût sec du xérès contraste avec la texture onctueuse de cette soupe agrémentée de tendres morceaux de céleri.

1 boule de céleri-rave
40 g (1 ½ oz) de beurre
1 oignon, finement haché
2 c. à s. de farine classique
1 litre (4 tasses) de bouillon de légumes ou
    de poule

17,5 cl (6 oz) de xérès
12 cl (4 oz) de crème 35 %
2 c. à s. de persil frais, ciselé
Sel et poivre noir, moulu

Découpez une branche du céleri en bâtonnets et réservez pour le service. Coupez la boule de céleri en petits morceaux et réservez. Faites fondre le beurre dans une grande casserole. Mettez-y l'oignon à revenir 4 min sur feu doux. Ajoutez la farine, laissez cuire 1 min de plus, puis versez progressivement le bouillon. Incorporez le céleri en morceaux et portez le tout à ébullition. Réduisez la température, couvrez et laissez mijoter 10 min environ : le céleri doit être tendre.

Versez la moitié de la soupe dans le bol d'un mixeur et actionnez jusqu'à obtention d'un velouté. Reversez en casserole. Ajoutez le xérès, la crème et le persil, et réchauffez sans faire bouillir. Salez et poivrez au goût, puis agrémentez des bâtonnets de céleri réservés. Servez aussitôt.

Voir variantes p. 167

Variantes

Velouté de brocolis, toasts au parmesan

Recette de base p. 139

Velouté de chou-fleur, toasts au parmesan
Suivez la recette de base, en remplaçant les brocolis par du chou-fleur.

Velouté de chou-fleur et de brocolis, toasts au parmesan
Suivez la recette de base, avec 225 g (8 oz) de brocolis et 225 g (8 oz) de chou-fleur.

Potage de brocolis, toasts au parmesan
Suivez la recette de base, en ôtant de la casserole un quart des bouquets de brocolis avant de mixer la soupe. Mettez-les dans la soupe mixée, ainsi que le lait et la muscade.

Velouté de brocolis et d'épinards, toasts au parmesan
Suivez la recette de base, avec 350 g (12 oz) de brocolis et 250 g (9 oz) d'épinards. Ajoutez les épinards 4 min environ après les brocolis.

Velouté de brocolis et de courgettes, toasts au parmesan
Suivez la recette de base, avec 350 g (12 oz) de brocolis et 250 g (9 oz) de courgettes.

Variantes

Soupe de pois chiches aux épices et au citron

Recette de base p. 141

Soupe de cocos roses aux épices et au citron
Suivez la recette de base, en remplaçant les pois chiches par des cocos roses.

Soupe de flageolets aux épices et au citron
Suivez la recette de base, en remplaçant les pois chiches par des flageolets.

Soupe de haricots blancs aux épices et au citron
Suivez la recette de base, en remplaçant les pois chiches par des haricots blancs.

Soupe de pois chiches aux épices, au citron et à la coriandre fraîche
Suivez la recette de base, en remplaçant le persil par de la coriandre fraîche ciselée.

Soupe de pois chiches au piment et au citron
Suivez la recette de base, en ajoutant aux épices $1/2$ c. à c. de piment rouge séché, broyé.

Variantes

Soupe de crabe au maïs

Recette de base p. 142

Soupe de crabe au maïs et aux oignons nouveaux
Suivez la recette de base, en remplaçant le persil par 4 oignons nouveaux émincés.

Soupe de crabe au maïs et au poivron vert
Suivez la recette de base, en remplaçant le poivron rouge par 1 poivron vert épépiné et finement haché.

Soupe de thon au maïs
Suivez la recette de base, en remplaçant la chair de crabe par 2 boîtes de 170 g (6 oz) de thon, égouttées.

Soupe de moules au maïs
Suivez la recette de base, en remplaçant la chair de crabe par 350 g (12 oz) de moules cuites sans leur coque.

Soupe de crevettes au maïs
Suivez la recette de base, en remplaçant la chair de crabe par 350 g (12 oz) de crevettes cuites et décortiquées.

Variantes

Cappelletti in brodo

Recette de base p. 145

Cappelletti in brodo au poulet
Suivez la recette de base, en ajoutant au bouillon 1 escalope de poulet cuite, sans la peau, et coupée en fines lanières.

Cappelletti in brodo aux poivrons grillés
Suivez la recette de base, en ajoutant au bouillon 3 poivrons grillés en bocal, égouttés et émincés.

Fagotini in brodo
Suivez la recette de base, en remplaçant les cappelletti par des fagotini aux champignons et le bouillon de poule par du bouillon de légumes.

Cappelletti in brodo aux cocos roses
Suivez la recette de base, en ajoutant au bouillon 400 g (14 oz) de cocos roses en conserve, rincés et égouttés.

Variantes

Minestrone

Recette de base p. 146

Minestrone au pesto
Suivez la recette de base, en ajoutant 1 c. à s. de pesto au moment de servir.

Minestrone aux haricots verts
Suivez la recette de base, en remplaçant les courgettes par 100 g (3 ½ oz). de haricots verts coupés en tronçons de 3 cm (1 ¼ po).

Minestrone aux flageolets
Suivez la recette de base, en ajoutant aux légumes 400 g (14 oz) de flageolets en conserve, rincés et égouttés.

Minestrone aux légumes et au bacon
Suivez la recette de base, en ajoutant à l'ail et aux oignons 3 tranches de bacon sans la couenne, grossièrement hachées.

Minestrone aux légumes et au poulet
Suivez la recette de base, en ajoutant aux légumes 1 escalope de poulet cuite, sans la peau et coupée en lanières, et en remplaçant le bouillon de légumes par du bouillon de poule.

Variantes

Crème de tomates

Recette de base p. 149

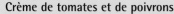

Crème de tomates et de poivrons
Suivez la recette de base, en ajoutant aux tomates 2 poivrons rouges
épépinés et hachés.

Crème de tomates pimentée
Suivez la recette de base, en faisant frire avec l'oignon et l'ail 2 piments
rouges épépinés et hachés.

Crème de tomates à la coriandre fraîche
Suivez la recette de base, en remplaçant le basilic par de la coriandre fraîche.

Crème de tomates à la menthe fraîche
Suivez la recette de base, en remplaçant le basilic par 1 c. à s. de menthe
fraîche ciselée et en ajoutant de la menthe fraîche au moment de servir.

Crème de tomates fraîches
Suivez la recette de base, en remplaçant les tomates en conserve par
800 g (1 lb 5 oz). de tomates fraîches pelées et concassées.

Variantes

Soupe de pousses de printemps

Recette de base p. 150

Soupe d'épinards et de roquette
Suivez la recette de base, avec 140 g (5 oz) de pousses d'épinards et 140 g (5 oz) de roquette, et en supprimant l'oseille.

Soupe de pousses de printemps, bruschettas à l'artichaut
Suivez la recette de base. Préparez les bruschettas : faites griller 8 morceaux de baguette jusqu'à les dorer de chaque côté, puis déposez sur chacun un peu de pesto et terminez par un cœur d'artichaut grillé, mariné dans l'huile d'olive.

Soupe de pousses de printemps aux oignons rouges
Suivez la recette de base, en remplaçant les oignons nouveaux par 1 oignon rouge finement émincé. Agrémentez la soupe de quelques lanières d'oignon rouge avant de servir.

Soupe de pousses de printemps au cresson
Suivez la recette de base, en ajoutant 1 bonne poignée de cresson émincé aux autres feuilles.

Variantes

Bouillon de crevettes aux nouilles

Recette de base p. 153

Bouillon de poulet aux nouilles
Suivez la recette de base, en remplaçant les crevettes par 2 escalopes de poulet cuites, sans la peau et coupées en lanières, et le bouillon de légumes par du bouillon de poule.

Bouillon de crevettes aux nouilles et lait de coco
Suivez la recette de base, en utilisant 80 cl (28 oz) de bouillon et 40 cl (14 oz) de lait de coco.

Bouillon de crevettes aux nouilles et basilic frais
Suivez la recette de base, en remplaçant la coriandre par du basilic frais.

Bouillon de crevettes aux nouilles et menthe fraîche
Suivez la recette de base, en remplaçant la coriandre par 1 c. à s. de menthe fraîche ciselée et en ajoutant de la menthe fraîche au moment de servir.

Variantes

Consommé crémeux de poulet au safran

Recette de base p. 154

Consommé crémeux de poulet aux tomates et au safran
Suivez la recette de base, en ajoutant au bouillon 3 tomates pelées, épépinées et concassées.

Consommé crémeux de poulet au safran et au persil
Suivez la recette de base, en remplaçant la ciboulette par du persil.

Consommé crémeux de poulet au safran et aux oignons nouveaux
Suivez la recette de base, en ajoutant aux brins de safran 1 botte d'oignons nouveaux émincés.

Consommé crémeux de poulet au safran et au piment
Suivez la recette de base, en faisant frire avec l'oignon et l'ail 1 piment rouge épépiné et haché.

Variantes

Velouté de céleri au xérès

Recette de base p. 157

Velouté de céleri au vin blanc
Suivez la recette de base, en remplaçant le xérès par du vin blanc sec.

Velouté de céleri au poulet et au xérès
Suivez la recette de base, en ajoutant au céleri 300 g (10 ½ oz) de poulet cuit, sans la peau et coupé en morceaux.

Velouté de céleri au faisan et au xérès
Suivez la recette de base, en ajoutant au céleri 300 g (10 ½ oz) de viande de faisan cuite, coupée en morceaux.

Velouté de céleri et de tomates au xérès
Suivez la recette de base, en ajoutant au céleri 3 tomates pelées, épépinées et concassées.

Velouté de fenouil au xérès
Suivez la recette de base, en remplaçant le céleri par 2 bulbes de fenouil émincés.

Soupes épicées

Nombre d'épices étaient autrefois utilisées

en médecine. Aujourd'hui, leurs saveurs sont

partie intégrante de toutes les gastronomies.

Découvrez-les dans nos recettes de soupes,

doucement relevées ou fortement pimentées,

inspirées de plats traditionnels du monde entier.

Harira

Pour 4 personnes

Il existe d'innombrables versions de cette soupe marocaine que l'on sert le soir, pendant le mois du ramadan. Cette recette aux lentilles et au poulet est modérément épicée.

100 g (3 $^1/_2$ oz) de lentilles vertes du Puy
2 c. à s. d'huile d'olive
1 oignon, finement haché
2 gousses d'ail, écrasées
$^1/_2$ c. à c. de gingembre, en poudre
2 c. à c. de cannelle, en poudre
$^1/_2$ c. à c. de curcuma
1 c. à c. de harissa
1,2 litre (5 tasses) de bouillon de poule

400 g (14 oz) de tomates en conserve, concassées
1 c. à s. de purée de tomates
400 g (14 oz) de pois chiches en conserve, égouttés
2 escalopes de poulet sans la peau, coupées en morceaux
Le jus de $^1/_4$ ou de $^1/_2$ citron
Sel et poivre noir, moulu
Coriandre fraîche, ciselée

Faites cuire les lentilles 25 min dans une grande quantité d'eau bouillante. Égouttez bien et réservez. Faites chauffer l'huile dans une grande casserole. Mettez-y l'ail et l'oignon à revenir 5 min sur feu doux. Ajoutez le gingembre, la cannelle, le curcuma et la harissa, puis versez le bouillon. Incorporez les tomates, la purée de tomates, les pois chiches et les lentilles. Portez le tout à ébullition, puis réduisez la température et couvrez. Laissez cuire 15 min.

Ajoutez le poulet et laissez cuire 5 à 10 min supplémentaires. Salez, poivrez et citronnez au goût. Saupoudrez de coriandre fraîche ciselée et servez aussitôt.

Voir variantes p. 188

Soupe de panais au curry

Pour 4 personnes

Cette soupe revigorante est un classique des recettes d'hiver. Les panais s'accommodent parfaitement des épices indiennes. Vous pouvez la servir avec toutes sortes de pains, l'idéal étant de proposer des quartiers de naan, typiquement indiens.

2 c. à s. d'huile de tournesol
3 gousses d'ail, écrasées
1 oignon, haché
2 piments verts, épépinés et hachés
1 c. à c. de cumin, en poudre
1 c. à c. de coriandre, en poudre
1/2 c. à c. de gingembre, en poudre
1/2 c. à c. de curcuma, en poudre

5 panais mûrs, pelés et coupés en morceaux
1,2 litre (5 tasses) de bouillon de légumes ou
    de poule
Le jus de 1/2 citron
Sel et poivre noir, moulu
Yaourt nature
Quartiers de naan
1 c. à s. de menthe fraîche, ciselée

Faites chauffer l'huile dans une grande casserole. Mettez-y l'ail, l'oignon et les piments à revenir 4 min sur feu doux. Ajoutez le cumin, la coriandre, le gingembre, le curcuma et les panais, puis versez le bouillon. Portez le tout à ébullition, puis réduisez la température. Laissez mijoter 20 min environ : les panais doivent être tendres.

Passez la soupe au mixeur, jusqu'à obtention d'un velouté. Salez et poivrez au goût, puis citronnez. Au moment de servir, ajoutez une cuillerée de yaourt sur la soupe, saupoudrez de menthe fraîche et accompagnez de quartiers de naan.

Voir variantes p. 189

Mulligatawny

Pour 4 personnes

Créée en Inde à l'époque de l'Empire britannique, cette soupe de lentilles au lait de coco tire son nom du mot tamoul signifiant « eau poivrée ».

2 c. à s. d'huile de tournesol
1 oignon, finement haché
3 gousses d'ail, écrasées
2 piments verts forts, épépinés et hachés
2 c. à c. de cumin, en poudre
1 c. à c. de coriandre, en poudre
1 c. à c. de curcuma, en poudre
1/2 c. à c. de cannelle, en poudre
1 litre (4 tasses) de bouillon de légumes

40 cl (14 oz) de lait de coco
120 g (4 oz) de lentilles corail
2 branches de céleri, émincées
2 carottes, coupées en morceaux
1 pomme, coupée en morceaux
Le jus de 1/4 citron
Sel et poivre noir, moulu
Coriandre fraîche, ciselée

Faites chauffer l'huile dans une grande casserole. Mettez-y l'ail et l'oignon à revenir 4 min sur feu doux. Ajoutez les piments, le cumin, la coriandre, le curcuma et la cannelle, puis le bouillon, le lait de coco, les lentilles, les branches de céleri, les carottes et la pomme. Portez le tout à ébullition, puis réduisez la température, couvrez et laissez mijoter 30 min environ : les lentilles doivent être tendres.

Salez et poivrez au goût, puis citronnez. Transvasez la soupe à la louche dans des bols, puis parsemez de coriandre ciselée. Servez aussitôt.

Voir variantes p. 190

Soupe de carotte aux épices

Pour 4 personnes

Inspirée des saveurs du Maroc, cette délicieuse soupe épicée s'accompagne de quartiers de pita grillés et de galettes typiques du Moyen-Orient. En entrée, servez-la seule, agrémentée de coriandre.

2 c. à s. d'huile de tournesol
1 oignon, haché
3 gousses d'ail, écrasées
2 c. à c. de cumin, en poudre
1 c. à c. de coriandre, en poudre
$1/2$ c. à c. de gingembre, en poudre
1 c. à c. de paprika
1 bonne pincée de piment de Cayenne

1 petite pomme de terre, coupée en cubes
500 g (1lb 2 oz) de carottes, coupées en rondelles
1,2 litre (5 tasses) de bouillon de légumes ou
    de poule
Le jus de 1 orange
1 à 1 $1/2$ c. à s. de vinaigre de vin rouge
Sel et poivre noir, moulu
Coriandre fraîche, ciselée

Faites chauffer l'huile dans une grande casserole. Mettez-y l'ail et l'oignon à revenir 4 min sur feu doux. Ajoutez le cumin, la coriandre, le gingembre, le paprika et le piment de Cayenne, puis la pomme de terre, les carottes et le bouillon. Portez le tout à ébullition, puis réduisez la température et couvrez. Laissez mijoter 20 min environ : les légumes doivent être tendres.

Passez la soupe au mixeur, jusqu'à obtention d'un velouté. Incorporez le jus d'orange et le vinaigre, salez et poivrez au goût. Transvasez la soupe à la louche dans des bols et parsemez de coriandre fraîche. Servez aussitôt.

Voir variantes p. 191

Potage thaï de courge grillée au lait de coco

Pour 4 personnes

Les morceaux de courge tendres et grillés, les épices thaïes très parfumées et le lait de coco crémeux forment une association originale et savoureuse.

1 courge butternut, épépinée, pelée et coupée en morceaux
3 c. à s. d'huile de tournesol
2 échalotes, finement hachées
2 gousses d'ail, écrasées
2 c. à c. de racine de gingembre, râpée
2 piments verts, épépinés et émincés
  + un peu pour le service

2 tiges de citronnelle, émincées
4 feuilles de citronnier (ou lime kaffir), émincées
80 cl (28 oz) de bouillon de légumes
40 cl (14 oz) de lait de coco
Le jus de 1 citron vert
1 c. à s. du nuoc-mâm
Coriandre fraîche, ciselée

Préchauffez le four à 400 °F (200 °C). Mettez les morceaux de courge dans un plat allant au four, versez en filet 1 c. à s. d'huile et mélangez de façon à bien enrober tous les morceaux. Faites griller 25 min : la courge doit être tendre. Faites chauffer le reste de l'huile dans une grande casserole. Mettez-y l'ail, les échalotes et le gingembre à revenir 3 min sur feu doux. Ajoutez les piments, la citronnelle, les feuilles de citronnier, le bouillon et le lait de coco, et portez le tout à ébullition. Réduisez la température et laissez mijoter 20 min à couvert. Incorporez la courge, puis versez le jus de citron et le nuoc-mâm. Transvasez la soupe à la louche dans des bols et saupoudrez de coriandre fraîche. Servez aussitôt.

Voir variantes p. 192

Soupe de calmars aux piments

Pour 4 personnes

Les piments, les tomates et les calmars se répondent divinement dans ce bouillon léger savoureusement épicé.

6 calmars, nettoyés
Le jus de 1 citron
3 c. à s. d'huile d'olive
3 échalotes, finement hachées
2 piments rouges forts, épépinés et hachés
450 g (1 lb) de tomates mûres, pelées,
    épépinées et concassées

1,2 litre (5 tasses) de court-bouillon
    ou de bouillon de légumes
1 c. à s. de purée de tomates
$1/2$ c. à c. de cannelle, en poudre
1 pincée de sucre blond
1 c. à s. de menthe fraîche, ciselée
Sel et poivre noir, moulu

Séparez les tentacules de chaque calmar. Jetez les têtes. Découpez les corps en anneaux et mettez-les dans une jatte avec les tentacules. Arrosez de jus de citron. Couvrez et laissez reposer 30 min au frais. Faites chauffer 2 c. à s. d'huile dans une grande casserole. Mettez-y les échalotes et les piments à revenir 2 min sur feu doux. Ajoutez les tomates, le bouillon, la purée de tomates et la cannelle. Portez le tout à ébullition, puis réduisez la température et laissez mijoter 10 min à couvert. Passez la soupe au mixeur jusqu'à obtention d'un velouté, puis reversez en casserole. Salez, poivrez et sucrez au goût, et réservez la soupe au chaud. Égouttez les calmars, séchez-les sur du papier absorbant en tapotant un peu, puis salez et poivrez. Faites chauffer le reste de l'huile dans une poêle à frire antiadhésive. Mettez-y les calmars à frire 1 min : ils doivent être à peine cuits. Transvasez la soupe à la louche dans des bols, déposez les calmars à la surface, puis parsemez de menthe fraîche. Servez aussitôt.

Voir variantes p. 193

Bouillon de poulet au gombo

Pour 4 personnes

Entre soupe et ragoût, ce bouillon est traditionnellement servi sur du riz cuit pour un repas complet. Pour un repas léger, servez-le sans riz.

2 c. à s. d'huile d'olive
1 oignon, haché
2 gousses d'ail, finement hachées
1 1/2 c. à s. de farine ordinaire
1,2 litre (5 tasses) de bouillon de poule
2 poivrons verts, épépinés et hachés
200 g (7 oz) de gombo (ou okra), pelés et
	coupés en morceaux de 5 à 10 mm
4 tomates mûres, pelées et concassées

2 c. à s. de purée de tomates
1 c. à c. de thym frais
1 c. à c. de piment de Cayenne
300 g (10 1/2 oz) de poulet cuit, sans la peau,
	coupé en morceaux
115 g (4 oz) de maïs
Sel et poivre noir, moulu
Tabasco
Riz cuit à la créole

Faites chauffer l'huile dans une grande casserole. Mettez-y l'ail et l'oignon à revenir 4 min sur feu doux. Ajoutez la farine et poursuivez la cuisson 1 min. Incorporez progressivement le bouillon de poule, puis les poivrons, le gombo, les tomates, la purée de tomates, le thym et le piment de Cayenne. Portez le tout à ébullition, puis réduisez la température, couvrez et laissez mijoter 30 min environ, en remuant de temps à autre.

Ajoutez le poulet et le maïs, et poursuivez la cuisson 30 min, en remuant de temps à autre. Assaisonnez au goût avec sel, poivre et Tabasco. Versez la soupe à la louche sur le riz. Servez aussitôt.

Voir variantes p. 194

Potage de chou-fleur et de pommes de terre

Pour 4 personnes

La noix de coco et le mélange d'épices indiennes relèvent magistralement la saveur du chou-fleur et celle de la pomme de terre.

2 c. à s. d'huile de tournesol
1 oignon, finement haché
2 piments verts, épépinés et hachés
2 gousses d'ail, finement hachées
2 c. à c. de racine de gingembre, râpée
2 c. à c. de cumin, en poudre
1 c. à c. de coriandre, en poudre
$1/2$ c. à c. de curcuma, en poudre

80 cl (28 oz) de bouillon de poule ou de légumes
40 cl (14 oz) de lait de coco
300 g (10 $1/2$ oz) de pommes de terre, pelées et coupées en morceaux
300 g (10 $1/2$ oz) de chou-fleur, détaillé en bouquets
Sel et poivre noir, moulu
Le jus de $1/2$ citron
Coriandre fraîche, ciselée

Faites chauffer l'huile dans une casserole. Mettez-y l'ail, l'oignon, les piments et le gingembre à revenir 4 min sur feu doux. Ajoutez le cumin, la coriandre et le curcuma, puis le bouillon, le lait de coco, les pommes de terre et le chou-fleur. Portez le tout à ébullition, puis réduisez la température et laissez mijoter 10 à 15 min à couvert.

Lorsque les légumes sont tendres, versez-en la moitié dans le bol d'un mixeur et actionnez jusqu'à obtention d'une purée. Ajoutez à la soupe. Salez et poivrez au goût, puis citronnez. Transvasez la soupe à la louche dans des bols et saupoudrez de coriandre. Servez aussitôt.

Voir variantes p. 195

Soupe de pois chiches aux pâtes

Pour 4 personnes

Ce potage nourrissant est très relevé. À servir les jours de grand froid !

2 c. à s. d'huile d'olive
3 piments rouges, épépinés et hachés
3 gousses d'ail, écrasées
6 tomates mûres, pelées et concassées
1 litre (4 tasses) de bouillon de légumes ou de poule
400 g (14 oz) de pois chiches en conserve, rincés et égouttés

120 g (4 oz) de pâtes à potage
1 botte d'oignons nouveaux, coupés en fines lanières
1 c. à s. de menthe fraîche, ciselée
Sel
Copeaux de parmesan

Faites chauffer l'huile dans une grande casserole. Mettez-y l'ail et les piments à revenir 2 min sur feu doux. Ajoutez les tomates, le bouillon et les pois chiches, et portez le tout à ébullition. Réduisez la température et laissez mijoter 20 min à couvert.

Incorporez les pâtes et laissez à nouveau mijoter 5 min : les pâtes doivent être tendres. Ajoutez les oignons nouveaux, la menthe et salez au goût. Transvasez la soupe à la louche dans des bols et saupoudrez de copeaux de parmesan. Servez aussitôt.

Voir variantes p. 196

Soupe de crevettes tigrées au gingembre

Pour 4 personnes

Les crevettes juteuses, cuites dans un bouillon parfumé et servies avec du vermicelle de riz sont savoureuses. Une recette merveilleuse de simplicité.

2 c. à s. d'huile de tournesol
2 c. à c. de racine de gingembre, râpée
2 gousses d'ail, écrasées
2 échalotes, finement hachées
1,2 litre (5 tasses) de bouillon de légumes
    ou de court-bouillon
2 c. à s. de sauce aux piments doux

120 g (4 oz) de vermicelle de riz
Le jus de $1/2$ citron vert ou de 1 citron vert
1 c. à s. de sauce de poisson thaïe (nam-pla)
300 g (10 $1/2$ oz) de crevettes géantes tigrées,
    cuites, décortiquées et déveinées
1 botte d'oignons nouveaux, émincés
Basilic frais, grossièrement ciselé

Faites chauffer l'huile dans une grande casserole. Mettez-y le gingembre, l'ail et les échalotes à revenir 2 min sur feu doux. Versez le bouillon et la sauce aux piments, et portez le tout à ébullition. Réduisez la température et laissez mijoter 20 min à couvert. Vers la fin de la cuisson, mettez le vermicelle dans une jatte, couvrez-le d'eau bouillante et laissez gonfler 5 min, jusqu'à ce qu'il soit tendre (reportez-vous aux instructions de l'emballage). Égouttez et réservez. Citronnez au goût et ajoutez la sauce de poisson. Incorporez les crevettes et poursuivez la cuisson 2 min : elles doivent être rosées et cuites. Ajoutez les oignons nouveaux et le vermicelle. Transvasez la soupe à la louche dans des bols, puis saupoudrez de basilic. Servez aussitôt.

Voir variantes p. 197

Variantes

Harira marocaine

Recette de base p. 169

Harira végétarienne
Suivez la recette de base, en supprimant le poulet et en utilisant du bouillon de légumes.

Harira à l'agneau
Suivez la recette de base, en remplaçant le poulet par de la viande d'agneau cuite et en utilisant du bouillon de bœuf ou d'agneau.

Harira aux légumes
Suivez la recette de base, en ajoutant aux pois chiches et au poulet 1 courgette et 1 carotte coupées en cubes, et 1 poivron rouge épépiné et finement haché.

Harira pimentée
Suivez la recette de base, en ajoutant aux épices $1/4$ à $1/2$ c. à c. de piment rouge séché, broyé.

Variantes

Soupe de panais au curry

Recette de base p. 171

Soupe de carottes au curry
Suivez la recette de base, en remplaçant les panais par 5 grandes carottes
et 1 petite pomme de terre.

Soupe de panais au curry (variante)
Suivez la recette de base, en remplaçant le cumin, la coriandre, le gingembre
et le curcuma par $1^1/2$ c. à s. de pâte de curry.

Soupe de betteraves au curry
Suivez la recette de base, en remplaçant les panais par 5 betteraves crues,
pelées et coupées en cubes.

Soupe de panais et de carottes au curry
Suivez la recette de base, en utilisant 3 panais et 3 grandes carottes.

Variantes

Mulligatawny

Recette de base p. 172

Mulligatawny au poulet
Suivez la recette de base, en remplaçant le bouillon de légumes par du bouillon de poule et en ajoutant, vers la fin de la cuisson, 300 g (10 ½ oz) de poulet cuit, sans la peau, coupé en lanières.

Mulligatawny à l'agneau
Suivez la recette de base, en remplaçant le bouillon de légumes par du bouillon d'agneau et en ajoutant, vers la fin de la cuisson, 300 g (10 ½ oz) de viande d'agneau cuite et coupée en lanières.

Mulligatawny aux tomates
Suivez la recette de base, en ajoutant aux autres légumes 4 tomates pelées et concassées.

Mulligatawny allégé
Suivez la recette de base, avec 1,2 litre (5 tasses) de bouillon de légumes et sans lait de coco. Déposez un peu de yaourt allégé dans chaque bol au moment de servir.

Mulligatawny à la menthe fraîche
Suivez la recette de base, en remplaçant, au moment de servir, la coriandre par de la menthe fraîche ciselée.

Soupe de carotte aux épices

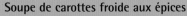

Recette de base p. 175

Soupe de carottes froide aux épices
Suivez la recette de base, laissez refroidir, puis réservez au moins 4 h au frais avant de servir.

Soupe de carottes aux épices et à la harissa
Suivez la recette de base, en remplaçant le paprika et le piment de Cayenne par 1 c. à c. de pâte de harissa.

Soupe de carottes aux épices et à la menthe
Suivez la recette de base, en parsemant chaque bol de menthe fraîche ciselée en remplacement de la coriandre.

Soupe de carottes aux épices, crème sure
Suivez la recette de base, en ajoutant 1 c. à s. de crème sure dans chaque bol au moment de servir.

Soupe de carottes aux épices et aux poivrons rouges
Suivez la recette de base, en utilisant 450 g (1 lb) de carottes et 2 poivrons rouges, épépinés et coupés en cubes.

Variantes

Potage thaï de courge grillée au lait de coco

Recette de base p. 176

Potage thaï de courge grillée au lait de coco et aux noix de cajou
Suivez la recette de base, en l'agrémentant de noix de cajou grillées
au moment de servir.

Velouté thaï de courge grillée au lait de coco
Suivez la recette de base, puis mixez-la avant de servir.

Potage thaï de courge grillée aux crevettes et au lait de coco
Suivez la recette de base, en ajoutant à la courge 20 crevettes géantes tigrées,
cuites et décortiquées.

Potage thaï de courge grillée au poulet et au lait de coco
Suivez la recette de base, en ajoutant à la courge 300 g (10 ½ oz) de poulet
cuit, sans la peau et coupé en morceaux.

Potage thaï de courge grillée aux pâtes et au lait de coco
Suivez la recette de base, servez à la louche sur des pâtes cuites encore
chaudes.

Variantes

Soupe de calmars aux piments

Recette de base p. 179

Potage de calmars aux piments
Suivez la recette de base, sans la mixer. Servez-la en potage, avec les calmars et parsemée de menthe.

Soupe de calmars aux piments et à la coriandre
Suivez la recette de base, en saupoudrant chaque bol de coriandre fraîche ciselée en remplacement de la menthe.

Soupe de calmars aux piments et à l'ail
Suivez la recette de base, en remplaçant les échalotes par 3 gousses d'ail écrasées. Faites frire l'ail avec les piments 1 min environ, puis ajoutez les tomates et le bouillon. Pour la suite, reportez-vous à la recette de base.

Soupe de calmars au gingembre
Suivez la recette de base, en remplaçant les piments par 2 c. à c. de racine de gingembre fraîchement râpée.

Variantes

Bouillon de poulet au gombo

Recette de base p. 180

Bouillon végétarien au gombo
Suivez la recette de base, en supprimant le poulet et en utilisant du bouillon
de légumes.

Bouillon de poulet aux haricots verts et au gombo
Suivez la recette de base. Environ 10 min avant la fin de la cuisson, ajoutez
150 g (5 oz) de haricots verts coupés en tronçons de 2 cm (3/4 po).

Bouillon de poulet au piment vert et au gombo
Suivez la recette de base, en faisant frire avec l'oignon et l'ail 2 piments verts,
épépinés et hachés. Utilisez la moitié seulement de la quantité de piment
de Cayenne.

Bouillon de poulet au gombo et à la menthe fraîche
Suivez la recette de base, en saupoudrant chaque bol de menthe fraîche
ciselée avant de servir.

Variantes

Potage de chou-fleur et de pommes de terre

Recette de base p. 183

Velouté de chou-fleur et de pommes de terre
Suivez la recette de base, en mixant la totalité de la soupe pour obtenir
un velouté, puis servez.

Potage de chou-fleur, de pommes de terre et de pois chiches
Suivez la recette de base, avec la moitié des pommes de terre et en ajoutant
aux légumes 400 g (14 oz) de pois chiches en conserve, rincés et égouttés.

Potage de chou-fleur et de pommes de terre, accompagné de naan
Suivez la recette de base, puis servez-le avec des quartiers de pains naan.

Potage de chou-fleur et de pommes de terre, yaourt et chutney de mangue
Suivez la recette de base et garnissez chaque bol de 1 bonne cuillerée
de yaourt nature et de 1 cuillerée de chutney de mangue.

Potage de chou-fleur et de carottes
Suivez la recette de base, en remplaçant les pommes de terre par
des carottes.

Variantes

Soupe de pois chiches aux pâtes

Recette de base p. 184

Soupe de haricots rouges aux pâtes
Suivez la recette de base, en remplaçant les pois chiches par des haricots rouges.

Soupe de pois chiches au vermicelle
Suivez la recette de base, en remplaçant les pâtes par du vermicelle.

Soupe de flageolets aux pâtes
Suivez la recette de base, en remplaçant les pois chiches par des flageolets.

Soupe de pois chiches aux piments verts et aux pâtes
Suivez la recette de base, en remplaçant les piments rouges par des piments verts.

Soupe de pois chiches aux pâtes et au bacon
Suivez la recette de base, en faisant frire avec l'ail et les piments 2 tranches de bacon sans la couenne, grossièrement hachées.

Variantes

Soupe de crevettes tigrées au gingembre

Recette de base p. 187

Soupe de saumon au gingembre
Suivez la recette de base, en supprimant les crevettes. Faites griller
4 morceaux de filet de saumon pendant que la soupe cuit. Mettez les pâtes
dans les bols, puis le saumon et versez le bouillon.

Soupe pimentée de crevettes tigrées au gingembre
Suivez la recette de base, en faisant frire avec l'ail, le gingembre
et les échalotes 1 piment rouge, épépiné et haché.

Soupe parfumée de crevettes tigrées au gingembre
Suivez la recette de base en agrémentant le bouillon de 2 tiges de citronnelle
hachées. Avant de servir, saupoudrez la soupe cuite de coriandre fraîche
ciselée en remplacement du basilic.

Soupe de crevettes tigrées au gingembre et à la ciboulette
Suivez la recette de base, en remplaçant le basilic par $^1/_2$ c. à s. de ciboulette
ciselée dans chaque bol.

Soupe de crevettes tigrées au gingembre et à la menthe fraîche
Suivez la recette de base, en remplaçant le basilic par 1 c. à c. de menthe
fraîche ciselée dans chaque bol.

Entrées raffinées

Savez-vous que les soupes peuvent constituer des entrées des plus originales, aussi simples que raffinées, qui raviront vos convives autant qu'elles les surprendront ? Essayez nos recettes, vous nous en direz des nouvelles... Et vos invités aussi !

Soupe de tomates cerises aux pétoncles et à la vodka

Pour 4 personnes

De tendres pétoncles, marinés puis revenus, font de cette soupe un mets de gourmet.

2 c. à s. d'huile de tournesol
   + un peupour les pétoncles
2 échalotes, finement hachées
2 gousses d'ail, écrasées
2 piments rouges forts, finement hachés
500 g (1lb 2 oz) de tomates cerises
1 litre (4 tasses) de bouillon de légumes

1 c. à c. de racine de gingembre, râpée
Le jus de 1 citron vert
1 c. à c. de menthe fraîche, ciselée
   + un peu pour le service
Sel
12 pétoncles sans coquille, nettoyés
2 c. à s. de vodka

Faites chauffer l'huile dans une grande casserole. Mettez-y les échalotes, l'ail et les piments à revenir 2 min. Ajoutez les tomates et le bouillon. Portez le tout à ébullition, puis réduisez la température et laissez mijoter 10 min à couvert. Mélangez le gingembre, le jus de citron vert, la menthe et une pincée de sel, et versez cette marinade sur les pétoncles. Réservez jusqu'à ce que la soupe soit cuite. Passez-la au mixeur jusqu'à obtention d'un velouté, puis reversez, en filtrant, dans la casserole préalablement rincée. Salez et réservez au chaud. Faites chauffer une poêle antiadhésive. Ajoutez un peu d'huile d'olive. Mettez-y les pétoncles à revenir avec la marinade, 1 min de chaque côté : les coquillages doivent être cuits à point. Ajoutez la vodka dans la soupe, puis transvasez à la louche dans des bols. Empilez trois pétoncles au centre de chaque part et saupoudrez du reste de menthe. Servez aussitôt.

Voir variantes p. 216

Soupe de petits pois, toasts au prosciutto

Pour 4 personnes

Les petits pois surgelés dès la récolte sont souvent meilleurs que ceux que l'on dit « frais », mais qui sont vendus longtemps après. Ils sont également très pratiques à cuisiner !

2 c. à s. d'huile d'olive
2 échalotes, hachées
1 gousse d'ail, écrasée
600 g (1 lb 5 oz) de petits pois surgelés
70 cl (24 oz) de bouillon de poule ou de légumes
4 c. à s. de crème 35 %

Sel et poivre noir, moulu
2 c. à s. de mayonnaise de qualité supérieure
$^1/_4$ c. à c. de moutarde de Dijon
$^1/_4$ c. à c. de zeste de citron
4 morceaux de baguette
2 tranches de jambon italien, coupées en deux

Faites chauffer l'huile dans une grande casserole. Mettez-y l'ail et les échalotes à revenir 2 min sur feu doux. Ajoutez les petits pois et le bouillon, et portez le tout à ébullition. Hors du feu, passez la soupe au mixeur, jusqu'à obtention d'un velouté. Ajoutez la crème, salez et poivrez au goût.

Pendant ce temps, préparez les toasts : mélangez la mayonnaise, la moutarde et le zeste de citron. Faites dorer les morceaux de baguette des deux côtés, puis laissez-les refroidir.

Transvasez la soupe à la louche dans des bols. Garnissez chacun des toasts de 1 c. à c. de mayonnaise et terminez par du prosciutto en chiffonnade. Poivrez, puis servez avec la soupe.

Voir variantes p. 217

Soupe de crabe à la noix de coco et aux épices

Pour 4 personnes

Préférez du pili-pili (piment oiseau pilé à l'huile), très fort, si vous voulez ajouter du piquant à cette soupe crémeuse aux tendres morceaux de chair de crabe. Servez de petites portions en entrée, car elle est assez nourrissante.

2 c. à s. d'huile de tournesol
3 échalotes, finement hachées
2 c. à c. de racine de gingembre, râpée
2 tiges de citronnelle, émincées
2 piments verts, épépinés et finement hachés
1 litre de bouillon de légumes

12 cl (4 oz) de crème de noix de coco
4 oignons nouveaux, émincés
2 boîtes de 170 g (6 oz) de chair de crabe, égouttée
Le jus de $1/4$ ou de $1/2$ citron vert
Sel et poivre noir, moulu
Coriandre fraîche, ciselée

Faites chauffer l'huile dans une grande casserole. Mettez-y les échalotes, le gingembre, la citronnelle et les piments à revenir 2 min sur feu doux. Versez le bouillon et portez le tout à ébullition. Réduisez la température et laissez mijoter 20 min à couvert.

Ajoutez la crème de noix de coco, puis les oignons nouveaux et la chair de crabe, et mélangez. Réchauffez la soupe, sans la faire bouillir, 2 min environ. Salez, poivrez et citronnez au goût.

Transvasez la soupe à la louche dans des bols, puis parsemez de coriandre fraîche. Servez aussitôt.

Voir variantes p. 218

Soupe de fèves et de haricots mange-tout

Pour 4 personnes

Fraîche et légère, cette soupe se consomme de préférence en été, lorsque les fèves et les haricots sont à pleine maturité.

2 c. à s. d'huile d'olive
2 échalotes, finement hachées
2 gousses d'ail, écrasées
6 tomates mûres, pelées et concassées
1,2 litre (5 tasses) de bouillon de légumes

450 g (1 lb) de fèves fraîches, écossées
200 g (7 oz) de haricots mange-tout, coupés
    en morceaux
Basilic frais, grossièrement ciselé
Sel et poivre noir, moulu

Faites chauffer l'huile dans une grande casserole. Mettez l'ail et les échalotes à revenir 2 à 3 min sur feu doux, en remuant de temps à autre. Ajoutez les tomates et le bouillon, et portez le tout à ébullition. Réduisez la température et laissez mijoter 10 min à couvert.

Incorporez les fèves et les haricots, puis portez le tout à ébullition. Laissez mijoter 3 min environ : les légumes doivent être tendres, mais encore un peu croquants. Parsemez de basilic, salez et poivrez au goût. Transvasez la soupe à la louche dans des bols et servez aussitôt.

Voir variantes p. 219

Velouté d'artichauts, toasts aux anchois

Pour 4 personnes

L'artichaut demande un certain temps de préparation. Ici, l'utilisation de cœurs en conserve facilite la recette.

2 c. à s. d'huile d'olive
+ un peu pour les toasts
1 oignon, haché
3 gousses d'ail, hachées
2 c. à c. de cumin, en poudre
2 boîtes de 400 g (14 oz) de cœurs d'artichauts, égouttés
1,2 litre (5 tasses) de bouillon de légumes

2 c. à c. de menthe fraîche, ciselée
+ un peu pour le service
Sel et poivre noir, moulu

Pour les toasts
4 filets d'anchois
55 g (2 oz) de beurre à température ambiante
8 morceaux de baguette

Faites chauffer l'huile dans une grande casserole. Mettez-y l'ail et l'oignon à revenir 4 min sur feu doux. Ajoutez le cumin et les cœurs d'artichauts, puis versez le bouillon. Portez le tout à ébullition, puis réduisez la température et couvrez. Laissez mijoter 10 min et passez au mixeur, jusqu'à obtention d'un velouté. Parsemez de menthe et rectifiez l'assaisonnement. Écrasez les anchois à la cuillère, puis ajoutez-les au beurre et battez en crème. Faites dorer les morceaux de baguette des deux côtés. Étalez du beurre d'anchois sur chacun et poivrez. Transvasez la soupe à la louche dans des bols, parsemez de menthe, puis déposez un toast à la surface de chaque part. Servez aussitôt, en proposant les toasts restants en accompagnement.

Voir variantes p. 220

Velouté de fenouil au vermouth

Pour 4 personnes

Le vermouth, parfumé aux plantes aromatiques, s'associe parfaitement à la saveur délicate du fenouil dans cette soupe légère et crémeuse. Servez accompagné de minces tranches de pain au levain grillées.

2 c. à s. d'huile d'olive
1 oignon, haché
450 g (1 lb) de bulbes de fenouil
75 cl (3 tasses) de bouillon de légumes

10 cl (4 oz) de vermouth
4 c. à s. de crème 35 %
Sel et poivre noir, moulu

Faites chauffer l'huile dans une grande casserole. Mettez-y l'oignon à revenir 4 min sur feu doux. Ôtez les toupets des bulbes de fenouil et réservez-les pour le service. Coupez les bulbes en morceaux. Ajoutez le fenouil et le bouillon dans la casserole et portez le tout à ébullition. Réduisez la température, couvrez et laissez mijoter 15 min environ : le fenouil doit être bien tendre.

Passez la soupe au mixeur, jusqu'à obtention d'un velouté. Reversez en casserole et ajoutez le vermouth. Incorporez la crème et mélangez, salez et poivrez au goût, puis réchauffez le velouté sans faire bouillir.

Transvasez à la louche dans des bols, puis garnissez des toupets de fenouil. Servez aussitôt, tant que la soupe est encore bien chaude.

Voir variantes p. 221

Crème d'asperges, toasts au saumon fumé

Pour 4 personnes

Légère et crémeuse, cette soupe est une recette idéale pour ouvrir le repas d'une façon particulièrement délicate.

600 g (1 lb 5 oz) d'asperges
40 g (1 1/2 oz) de beurre
1 oignon, finement haché
1 1/2 c. à s. de farine ordinaire
1 litre (4 tasses) de bouillon de légumes
5 c. à s. de crème 35 %

Le jus de 1/4 citron
4 morceaux de baguette bien dorés
2 c. à s. de mayonnaise
1 tranche de saumon fumé, coupée en quatre
Sel et poivre noir, moulu

Coupez et réservez les pointes d'asperges, puis découpez les tiges en rondelles. Faites fondre le beurre dans une grande casserole. Mettez-y l'oignon à revenir 4 min sur feu doux. Ajoutez la farine, laissez cuire 1 min, puis versez le bouillon. Incorporez les asperges et portez le tout à ébullition. Réduisez la température, couvrez et laissez mijoter 10 min : les asperges doivent être tendres. Pendant ce temps, faites cuire les pointes à l'eau bouillante 2 à 6 min : elles doivent être tendres. Égouttez et rafraîchissez sous l'eau froide. Passez la soupe au mixeur, jusqu'à obtention d'un velouté, puis reversez en casserole. Ajoutez la crème, le jus de citron, salez et poivrez au goût. Réservez quatre pointes, ajoutez les autres au velouté. Réchauffez sans faire bouillir. Transvasez à la louche dans des bols. Sur chaque toast, étalez un petit peu de mayonnaise, recouvrez de saumon fumé et d'une pointe d'asperge. Déposez sur la soupe.

Voir variantes p. 222

Velouté muscadé de bolets au xérès

Pour 4 personnes

Les bolets ont une saveur très complexe et légèrement fumée. L'avantage de choisir des champignons séchés est que vous pouvez cuisiner cette soupe toute l'année.

25 g (1 oz) de bolets séchés
25 cl (8 oz) d'eau bouillante
40 g (1 ¹/₂ oz) de beurre
1 oignon, haché
3 gousses d'ail, écrasées
1 c. à s. de farine ordinaire
1,2 (5 tasses) litre de bouillon de légumes

450 g (1 lb) de champignons bruns, coupés
    en rondelles
12 cl (4 oz) de xérès
12 cl (4 oz) de crème 35 %
1 c. à c. de noix de muscade, râpée
Sel et poivre noir, moulu
Persil frais, ciselé

Faites tremper les bolets 20 min dans l'eau bouillante. Faites fondre le beurre dans une grande casserole. Mettez-y l'ail et l'oignon à revenir 4 min sur feu doux. Ajoutez la farine, laissez cuire 1 min de plus, puis versez progressivement le bouillon. Ajoutez les champignons bruns, les bolets et leur eau de trempage, et portez le tout à ébullition. Réduisez la température et laissez mijoter 20 min à couvert. Ôtez une louche de champignons de la casserole, puis versez le reste de la soupe dans le bol d'un mixeur. Actionnez jusqu'à obtention d'une texture lisse, reversez en casserole et incorporez le xérès, la crème, la muscade et les champignons réservés. Salez et poivrez au goût, puis réchauffez le velouté sans faire bouillir. Parsemez de persil frais et servez aussitôt.

Voir variantes p. 223

Soupe de poivrons au saumon et au basilic

Pour 4 personnes

Fraîche et piquante, cette soupe de couleur bicolore est aussi agréable à l'œil qu'au palais.

2 c. à s. d'huile d'olive
1 oignon, haché
2 gousses d'ail, écrasées
3 poivrons rouges, épépinés et hachés
3 poivrons jaunes, épépinés et hachés
2 c. à c. de coriandre, en poudre

1,2 litre (5 tasses) de bouillon de légumes
Le jus de 2 oranges
2 filets de saumon sans la peau
Basilic frais + un peu pour le service
Sel et poivre noir, moulu

Faites chauffer l'huile dans une grande casserole. Mettez-y l'ail et l'oignon à revenir 4 min sur feu doux. Ajoutez les poivrons et faites frire 5 min, toujours sur feu doux. Incorporez la coriandre, puis le bouillon et le jus d'orange, et portez le tout à ébullition. Réduisez la température et laissez mijoter 20 min à couvert.

Pendant ce temps, pochez le saumon 8 min environ dans une casserole d'eau frémissante : il doit être cuit à point. À l'aide d'une pelle à poisson, transférez sur une assiette et laissez tiédir. Coupez en gros morceaux et réservez. Passez la soupe au mixeur, jusqu'à obtention d'un velouté. Ajoutez le basilic et les morceaux de saumon, puis salez et poivrez au goût. Transvasez la soupe à la louche dans des bols et parsemez de basilic frais. Servez aussitôt.

Voir variantes p. 224

Consommé de bœuf

Pour 4 personnes

Cette recette classique est toujours appréciée en entrée. Le bouillon très clair dégage une saveur inimitable, parfaite pour aiguiser l'appétit.

1,7 litre (7 tasses) de bouillon de bœuf
2 échalotes, hachées
2 poireaux, émincés
2 branches de céleri, émincées
2 carottes, coupées en morceaux
300 g (10 $^1/_2$ oz) de viande de bœuf maigre

2 blancs d'œufs
2 coquilles d'œufs, émiettées
2 c. à s. de xérès
Sel et poivre noir, moulu
Céleri, coupé en fines lanières (facultatif)

Dans une grande casserole, portez le bouillon à ébullition. Dans une autre casserole, mélangez les échalotes, les poireaux, le céleri, les carottes, la viande de bœuf, les blancs et les coquilles d'œufs. Versez le bouillon sur le mélange, en fouettant, et portez le tout à ébullition, sans cesser de fouetter. Réduisez la température et laissez mijoter 1 h sur feu doux.

Ôtez l'épaisse couche d'écume qui se forme à la surface du bouillon. Ébouillantez un tamis en métal, un morceau d'étamine et nettoyez une casserole ou un saladier à l'eau bouillante. Appliquez l'étamine sur le tamis et placez ce dernier sur la casserole ou le saladier. Filtrez le bouillon.

Ajoutez le xérès, puis salez et poivrez au goût. Réchauffez le bouillon et garnissez de lanières de céleri, si vous le souhaitez. Servez aussitôt.

Voir variantes p. 225

Variantes

Soupe de tomates cerises aux pétoncles et à la vodka

Recette de base p. 199

Soupe de tomates cerises aux pétoncles, à l'ail et à la vodka
Suivez la recette de base, en remplaçant les échalotes
par 1 gousse d'ail écrasée dans la marinade des pétoncles.

Soupe de tomates cerises aux calmars et à la vodka
Suivez la recette de base, en remplaçant les pétoncles par 6 calmars nettoyés.
Ôtez les tentacules, émincez le corps en anneaux et continuez en suivant
la recette de base, puis faites revenir les calmars 1 min environ.

Soupe de tomates cerises à la vodka
Suivez la recette de base, en supprimant les pétoncles.

Soupe de tomates cerises aux crevettes et à la vodka
Suivez la recette de base, en remplaçant les pétoncles par 12 crevettes
géantes tigrées, crues, décortiquées et déveinées.

Soupe glacée de tomates cerises à la vodka
Suivez la recette de base, en supprimant les pétoncles. Laissez refroidir,
puis réservez au moins 2 h au frais avant de servir.

Variantes

Soupe de petits pois, toasts au prosciutto

Recette de base p. 201

Soupe de petits pois, toasts aux asperges
Suivez la recette de base, en remplaçant le prosciutto par 4 pointes
d'asperges cuites.

Soupe de petits pois, toasts aux asperges et au prosciutto
Suivez la recette de base, en ajoutant à chaque toast 1 pointe d'asperge cuite.

Soupe de petits pois, toasts au saumon fumé
Suivez la recette de base, en remplaçant le prosciutto par 1 bande de saumon
fumé.

Soupe de petits pois, toasts aux anchois et aux œufs de caille
Suivez la recette de base, en supprimant le prosciutto et la moutarde. Faites
bouillir 4 min 4 œufs de caille, puis égouttez, laissez refroidir et écaillez.
Garnissez chacun des toasts de 1 filet d'anchois égoutté et de $1/2$ œuf
de caille.

Soupe de petits pois, toasts aux artichauts
Suivez la recette de base, en remplaçant le prosciutto par 4 cœurs
d'artichauts grillés et marinés.

Variantes

Soupe de crabe à la noix de coco et aux épices

Recette de base p. 202

Soupe de crabe à la noix de coco, aux pâtes et aux épices
Suivez la recette de base. Faites cuire 115 g (4 oz) de pâtes, en suivant les instructions portées sur l'emballage, égouttez-les et répartissez-les dans les bols. Versez la soupe à la louche sur les pâtes.

Soupe de crabe à la noix de coco, au riz et aux épices
Suivez la recette de base. Faites cuire du riz à l'étuvée et répartissez-le dans les bols. Versez la soupe à la louche sur le riz.

Soupe de crevettes à la noix de coco et aux épices
Suivez la recette de base, en remplaçant la chair de crabe par 250 g (9 oz) de crevettes tigrées, cuites et décortiquées.

Soupe de saumon à la noix de coco et aux épices
Suivez la recette de base, en remplaçant la chair de crabe par 2 filets de saumon sans peau ni arêtes, coupés en bandes. Poursuivez la cuisson 2 min environ : le saumon doit être cuit.

Variantes

Soupe de fèves et de haricots mange-tout

Recette de base p. 204

Soupe de fèves et de haricots mange-tout au parmesan
Suivez la recette de base, en saupoudrant chaque bol de copeaux
de parmesan avant de servir.

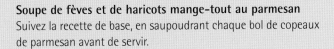

Soupe de fèves et de haricots mange-tout aux épinards
Suivez la recette de base, en ajoutant 2 grosses poignées de pousses
d'épinards (ou de feuilles d'épinards émincées) juste avant la fin de la cuisson.

Soupe de fèves et de haricots mange-tout au bacon
Suivez la recette de base, en faisant frire avec l'ail et les échalotes 3 tranches
de bacon sans la couenne, grossièrement hachées.

Soupe de fèves et de haricots mange-tout au chorizo
Suivez la recette de base, en faisant frire avec l'ail et les échalotes 50 g (2 oz)
de chorizo coupé en cubes.

Soupe de fèves et de haricots mange-tout à la menthe
Suivez la recette de base, en remplaçant le basilic par 1 c. à s. de menthe
fraîche ciselée.

Variantes

Velouté d'artichauts, toasts aux anchois

Recette de base p. 205

Velouté d'artichauts au citron, toasts aux anchois
Suivez la recette de base, en ajoutant à la menthe $1/2$ c. à c. de zeste
de citron.

Velouté d'artichauts
Suivez la recette de base, en supprimant les toasts.

Velouté d'artichauts, toasts à l'ail
Suivez la recette de base, en supprimant les anchois et le beurre. Frottez
les toasts avec 1 gousse d'ail coupée en deux, puis versez quelques gouttes
d'huile d'olive.

Velouté d'artichauts à la ciboulette, toasts aux anchois
Suivez la recette de base, en remplaçant la menthe par 2 c. à s. de ciboulette
fraîche ciselée.

Variantes

Velouté de fenouil au vermouth

Recette de base p. 207

Velouté de fenouil au vin blanc
Suivez la recette de base, en remplaçant le vermouth par du vin blanc.

Velouté de fenouil au vermouth et à la ciboulette
Suivez la recette de base, en ajoutant 2 c. à s. de ciboulette fraîche ciselée avant de servir.

Velouté de céleri au vermouth
Suivez la recette de base, en remplaçant le fenouil par du céleri.

Velouté de fenouil au vermouth et au romarin
Suivez la recette de base, en ajoutant 1 branche de romarin au bouillon. Laissez mijoter, puis ôtez le romarin avant de mixer la soupe.

Variantes

Crème d'asperges, toasts au saumon fumé

Recette de base p. 208

Crème d'asperges
Suivez la recette de base, en supprimant les toasts au saumon.

Crème d'asperges, toasts au salami
Suivez la recette de base, en garnissant chaque toast de 1 bande de salami en chiffonnade en remplacement du saumon.

Crème d'asperges, toasts au caviar
Suivez la recette de base, en remplaçant la mayonnaise par de la crème sure et le saumon par 1 c. à c. de caviar.

Crème d'asperges, toasts à la truite fumée
Suivez la recette de base, en garnissant chaque toast de 1 bande de truite fumée en remplacement du saumon.

Variantes

Velouté muscadé de bolets au xérès

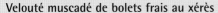

Recette de base p. 211

Velouté muscadé de bolets frais au xérès
Suivez la recette de base, en remplaçant les bolets séchés par un mélange
de bolets et de champignons frais. Les champignons frais rendront l'eau
qu'ils contiennent, ce qui remplacera l'eau de trempage des bolets séchés.

Velouté muscadé de bolets au vin blanc
Suivez la recette de base, en remplaçant le xérès par du vin blanc.

Velouté muscadé de bolets au xérès, toasts au fromage de chèvre
Suivez la recette de base. Avant de servir, faites griller 4 morceaux
de baguette de chaque côté, puis étalez un peu de chèvre sur chacun.
Déposez un toast à la surface de chaque part.

Velouté muscadé de bolets au xérès, toasts au bleu et aux noix
Suivez la recette de base. Avant de servir, faites griller 4 tranches de pain
aux noix sur un côté. Retournez, étalez du bleu et faites griller jusqu'à ce
que le fromage ait fondu, puis servez en accompagnement de la soupe.

Velouté muscadé de bolets au xérès et au thym
Suivez la recette de base, en ajoutant 1 c. à c. de thym frais au bouillon.
Supprimez le persil.

Soupe de poivrons au saumon et au basilic

Recette de base p. 212

Soupe de poivrons aux crevettes royales et au basilic
Suivez la recette de base, en remplaçant le saumon par 300 g (10 $^1/_2$ oz) de crevettes royales, cuites et décortiquées. Ajoutez-les à la soupe 1 min environ avant la fin de la cuisson, puis servez bien chaud.

Soupe froide de poivrons au basilic
Suivez la recette de base, en supprimant le saumon. Laissez refroidir, puis réservez au moins 2 h au frais avant de servir.

Soupe de poivrons au saumon et à la ciboulette
Suivez la recette de base, en remplaçant le basilic par 3 c. à s. de ciboulette fraîche ciselée.

Soupe de poivrons au saumon et à la menthe fraîche
Suivez la recette de base, en remplaçant le basilic par des feuilles de menthe fraîche.

Soupe de poivrons au basilic
Suivez la recette de base, en supprimant le saumon.

Consommé de bœuf

Recette de base p. 215

Consommé de poulet
Suivez la recette de base, en remplaçant le bœuf par des filets de poulet
émincés et le bouillon de bœuf par du bouillon de poule.

Consommé de bœuf aux piments
Suivez la recette de base, en ajoutant aux autres légumes 2 piments rouges
frais, épépinés et hachés.

Consommé de bœuf au porto
Suivez la recette de base, en remplaçant le xérès par du porto.

Consommé de bœuf aux oignons nouveaux
Suivez la recette de base, en ajoutant 4 oignons nouveaux coupés en fines
lanières avant de servir le consommé.

Saveurs d'Asie

De légers bouillons aux nouilles, des veloutés riches
et crémeux au lait de coco, des breuvages parfumés
aux herbes aromatiques et aux épices, voici une
gamme de soupes inspirées des traditions culinaires
asiatiques. Essayez-vous à quelques recettes et
découvrez, ou faites découvrir, de nouvelles saveurs !

Laksa aux crevettes

Pour 4 personnes

Ce potage de la mer servi sur des nouilles encore chaudes est un classique malaisien.

2 échalotes, hachées
3 piments rouges, épépinés et hachés
1 gousse d'ail, écrasée
2 c. à c. de racine de gingembre, râpée
Le zeste de 1 citron vert
1 c. à c. de curcuma, en poudre
1 c. à c. de coriandre, en poudre
2 c. à s. de sauce de poisson thaïe (nam-pla)
2 c. à s. de cacahuètes
2 c. à s. d'huile de tournesol

1 litre (4 tasses) de bouillon de légumes
    ou de court-bouillon
225 g (8 oz) de nouilles de blé
20 cl (7 oz) de crème de noix de coco
1 c. à c. de sucre roux
350 g (12 oz) de crevettes géantes tigrées,
    crues, décortiquées et déveinées
4 poignées de germes de soja
Coriandre fraîche

À l'aide d'un robot ménager, mélangez les échalotes, les piments, l'ail, le gingembre, le zeste de citron, le curcuma, la coriandre, la sauce de poisson et les cacahuètes, jusqu'à obtention d'une pâte. Faites chauffer l'huile dans une grande casserole et mettez-y cette pâte à revenir 2 min. Ajoutez le bouillon. Portez le tout à ébullition, puis réduisez la température et laissez mijoter 10 min à couvert. Faites cuire les nouilles selon les instructions portées sur l'emballage. Égouttez et répartissez dans quatre bols. Ajoutez au bouillon la crème de noix de coco et le sucre, puis les crevettes, et poursuivez la cuisson 2 min : les crevettes doivent être rosées et cuites. Hors du feu, ajoutez les germes de soja et la moitié de la coriandre, puis mélangez. Transvasez la soupe à la louche dans des bols et parsemez de coriandre. Servez aussitôt.

Voir variantes p. 244

Bouillon de poulet à la noix de coco

Pour 4 personnes

Ce bouillon épicé et parfumé à la noix de coco, enrichi de nouilles de blé, nous vient de Thaïlande. Essayez cette recette pour changer du bouillon de poulet traditionnel.

2 c. à s. d'huile de tournesol
3 échalotes, finement hachées
4 piments verts, épépinés et hachés
2 c. à c. de racine de gingembre, râpée
2 gousses d'ail, écrasées
2 tiges de citronnelle, émincées
4 feuilles de citronnier (lime kaffir), émincées
40 cl (14 oz) de lait de coco
80 cl (28 oz) de bouillon de poule

2 escalopes de poulet, sans la peau, coupées en morceaux
100 g (3 oz) d'épis de maïs nains, coupés en quatre dans la longueur
200 g (7 oz) de nouilles de blé fines
2 c. à s. de sauce de poisson thaïe (nam-pla)
Le jus de 1 citron vert
1 botte d'oignons nouveaux, émincés
Coriandre fraîche

Faites chauffer l'huile dans une casserole. Mettez-y les échalotes, les piments, le gingembre et l'ail à revenir 3 min. Ajoutez la citronnelle, les feuilles de citronnier, le lait de coco et le bouillon. Portez le tout à ébullition, puis réduisez la température, incorporez le poulet et laissez mijoter 10 min sur feu doux. Ajoutez le maïs et poursuivez la cuisson 2 à 3 min. Faites cuire les nouilles. Égouttez et répartissez dans quatre bols. Ajoutez au bouillon la sauce de poisson et le jus de citron. Incorporez les oignons nouveaux et la moitié de la coriandre. Transvasez la soupe à la louche sur les nouilles et saupoudrez de coriandre. Servez aussitôt.

Voir variantes p. 245

Soupe de miso aux ramen et au thon

Pour 4 personnes

Cette soupe légère japonaise, servie sur des nouilles ramen (nouilles de blé à cuisson rapide) et garnie de thon légèrement roussi, constitue un repas équilibré et savoureux.

1 litre d'eau
4 c. à s. de pâte miso
250 g (9 oz) de nouilles ramen
4 steaks de thon (115 g [4 oz] environ chacun)

Sel et poivre noir, moulu
Huile d'arachide ou de tournesol
4 oignons nouveaux, émincés

Dans une casserole, faites chauffer sur feu doux l'eau avec la pâte miso, jusqu'à dissolution de cette dernière. Portez le tout à ébullition, puis réduisez la température et laissez mijoter 20 min à couvert. Pendant ce temps, faites cuire les nouilles, en suivant les instructions portées sur l'emballage. Égouttez et répartissez dans quatre bols.

Salez et poivrez les steaks de thon. Étalez de l'huile au pinceau dans une poêle antiadhésive et faites chauffer. Lorsque la poêle est bien chaude, mettez-y le thon à revenir 2 min de chaque côté : il doit être cuit, mais encore rosé à l'intérieur. Placez un steak dans chaque bol et garnissez d'oignons nouveaux. Transvasez la soupe à la louche dans les bols, sur le thon, et servez aussitôt.

Voir variantes p. 246

Soupe de canard au curry rouge

Pour 4 personnes

La saveur particulière du canard et sa texture ferme s'accommodent délicieusement
du parfum du curry rouge thaï.

2 c. à s. d'huile de tournesol
2 échalotes, finement hachées
2 piments rouges frais, épépinés et hachés
2 c. à c. de racine de gingembre, râpée
2 c. à c. de pâte de curry rouge thaï
1,2 litre (5 tasses) de bouillon de poule
2 magrets de canard, sans la peau, coupés
    en morceaux
12 cl (4 oz) de crème de noix de coco

1 c. à c. de sucre roux
Le jus de 1 citron vert
1 c. à s. de sauce de poisson thaïe (nam-pla)
1 poivron vert, épépiné et coupé en lanières
1 poivron rouge, épépiné et coupé en lanières
55 g (2 oz) d'épis de maïs nains, coupés en
    quatre dans la longueur
Basilic frais

Faites chauffer l'huile dans une grande casserole. Mettez-y les échalotes, les piments
et le gingembre à revenir 2 min. Ajoutez la pâte de curry et poursuivez la cuisson 2 min.
Ajoutez le bouillon et les magrets, et portez le tout à ébullition. Réduisez la température
et laissez mijoter 15 min à couvert. Incorporez la crème de noix de coco, le sucre, le jus
de citron et la sauce de poisson. Ajoutez les poivrons et le maïs, et laissez mijoter 2 min
de plus : les légumes doivent être tendres, mais encore un peu croquants.

Transvasez la soupe à la louche dans des bols et parsemez de basilic. Servez aussitôt.

Voir variantes p. 247

Bouillon de bœuf aux épices

Pour 4 personnes

Inspiré d'une soupe traditionnelle vietnamienne, ce bouillon est à la fois nourrissant et rafraîchissant. Le bœuf, en fines tranches, est à peine cuit dans le bouillon chaud.

1,2 litre (5 tasses) de bouillon de bœuf frais de qualité
2 c. à c. de racine de gingembre, râpée
4 clous de girofle
1 bâton de cannelle
1 étoile de badiane (anis étoilé)
1 c. à c. de poivre noir, en grains
1 c. à s. de nuoc-mâm

200 g (7 oz) de nouilles de riz plates
250 g (9 oz) d'aloyau, coupé en très fines tranches
2 piments rouges, épépinés et coupés en fines lanières
1 botte d'oignons nouveaux, coupés en fines lanières
2 poignées de germes de soja
Coriandre fraîche
1 citron vert, coupé en quartiers

Versez le bouillon dans une grande casserole. Ajoutez le gingembre, les clous de girofle, la cannelle, l'anis étoilé, le poivre et le nuoc-mâm, puis portez le tout à ébullition. Réduisez la température et laissez mijoter 1 h environ à couvert.

Filtrez le bouillon dans une autre casserole et portez à ébullition. Mettez les nouilles dans une jatte et couvrez d'eau bouillante. Laissez gonfler 5 min, égouttez et répartissez dans quatre bols. Garnissez de tranches de bœuf. Ajoutez les piments, les oignons et les germes de soja.

Versez le bouillon à la louche dans les bols et saupoudrez de coriandre fraîche. Servez aussitôt, accompagné de quartiers de citron vert, à presser sur le bouillon.

Voir variantes p. 248

Soupe de crabe aigre-douce

Pour 4 personnes

Fraîche et relevée, cette soupe parfumée est idéale pour une entrée ou un repas léger.
Si vous préférez les saveurs plus douces, réduisez la quantité de piments.

2 échalotes, finement hachées
2 gousses d'ail, écrasées
2 c. à c. de racine de gingembre, râpée
3 pili-pili, épépinés et finement hachés
   + 1 pili-pili, épépiné et coupé en fines
   lanières
1 c. à s. de sauce aux piments doux
4 feuilles de citronnier (lime kaffir),
   émincées

1,2 litre (5 tasses) de bouillon de légumes
   ou de court-bouillon
2 c. à c. de sucre roux
Le jus de 1 citron vert
1 c. à c. de sauce de poisson thaïe (nam-pla)
2 boîtes de 170 g (6 oz) de chair de crabe
4 poignées de germes de soja
5 oignons nouveaux, émincés
Coriandre fraîche

Dans une grande casserole, mettez les échalotes, l'ail, le gingembre, les piments hachés,
la sauce aux piments doux et les feuilles de citronnier, puis versez le bouillon. Portez le tout
à ébullition, puis réduisez la température et laissez mijoter 20 min à couvert. Filtrez le bouillon
dans une autre casserole, ajoutez le sucre, le jus de citron vert et la sauce de poisson, puis
mélangez bien.

Répartissez la chair de crabe dans quatre bols. Garnissez chaque part de germes de soja
et de lanières d'oignon et de piment. Versez la soupe à la louche et saupoudrez de coriandre.
Servez aussitôt.

Voir variantes p. 249

Bouillon de bœuf piquant au tofu et aux oignons

Pour 4 personnes

Chaud, léger et parfumé, garni de chou vert et de tofu, ce bouillon thaïlandais constitue la mise en bouche parfaite d'un repas d'inspiration asiatique.

2 c. à s. d'huile de tournesol
3 piments verts, épépinés et hachés
2 c. à c. de pâte de curry vert thaïe
1,2 litre (5 tasses) de bouillon de légumes
4 feuilles de citronnier (kaffir lime), émincées
2 c. à c. de sucre roux

Le jus de 1 citron vert
100 g (3 $^1/_2$ oz) de chou vert, coupé en lanières
150 g (5 oz) de tofu frit, coupé en cubes
1 botte d'oignons nouveaux, coupés en fines lanières
Coriandre fraîche

Faites chauffer l'huile dans une grande casserole. Mettez-y les piments et la pâte de curry à revenir 30 s. Versez le bouillon, ajoutez les feuilles de citronnier et portez le tout à ébullition. Réduisez la température et laissez mijoter 20 min à couvert. Filtrez le bouillon dans une autre casserole, ajoutez le sucre et le jus de citron vert, puis mélangez. Incorporez le chou et laissez mijoter 1 min environ, puis ajoutez le tofu et poursuivez la cuisson 1 min de plus : le chou doit être tendre.

Transvasez la soupe à la louche dans des bols, puis parsemez de quelques lanières d'oignon et de coriandre. Servez aussitôt.

Voir variantes p. 250

Bouillon fumé aux won-ton

Pour 4 personnes

La saveur fumée du sésame vient relever ce bouillon simple et parfumé, à servir en entrée ou pour un repas léger.

Pour les won-ton (raviolis chinois)
1 c. à s. d'huile de tournesol
1 c. à c. d'huile de sésame
$^1/_2$ oignon, râpé
5 châtaignes d'eau en conserve, hachées
50 g (2 oz) de viande de porc, émincée
16 feuilles à won-ton
1 c. à c. de sauce soja
Poivre noir, moulu

Pour le bouillon
1,2 litre (5 tasses) de bouillon de légumes
3 c. à s. de mirin ou de xérès
1 c. à c. de sucre roux
2 c. à c. de sauce soja
1 c. à c. d'huile de sésame
4 oignons nouveaux, émincés

Préparez les won-ton : faites chauffer les huiles dans une poêle antiadhésive. Mettez-y les oignons, les châtaignes et le porc à frire 3 min, jusqu'à ce que la viande soit cuite. Mélangez la sauce soja et le poivre. Étalez une feuille à won-ton sur le plan de travail et humectez-en les bords. Déposez une cuillerée de farce de porc au centre et fermez la feuille en aumônière. Répétez l'opération jusqu'à épuisement des ingrédients. Faites cuire les won-ton 12 min à la vapeur : ils doivent être tendres. Pendant ce temps, portez le bouillon à ébullition dans une grande casserole. Réduisez la température et ajoutez le mirin ou le xérès, le sucre, la sauce soja et l'huile de sésame. Mettez quatre won-ton dans chaque bol, versez dessus le bouillon à la louche et garnissez de lanières d'oignon. Servez aussitôt.

Voir variantes p. 251

Soupe du Sichuan épicée, omelette à la coriandre

Pour 4 personnes

Ce bouillon épicé et très coloré est servi sur des nouilles de riz et garni de lanières d'omelette parfumée. À servir en entrée ou pour un plat léger.

120 g (4 oz) de vermicelle de riz fin
1,2 litre (5 tasses) de bouillon de légumes ou de poule
2 c. à c. de racine de gingembre, râpée
1 pili-pili, épépiné et haché
1 c. à c. de poivre noir, fraîchement moulu
1 c. à s. de purée de tomates
1 c. à s. de sauce soja

1 c. à s. de vinaigre de riz
1 œuf
Coriandre fraîche, ciselée
1 c. à s. d'huile de tournesol
100 g (3 oz) de pousses de bambou, égouttées
    et coupées en rondelles
5 oignons nouveaux, émincés

Faites tremper le vermicelle 5 min dans une jatte d'eau bouillante. Égouttez et détaillez en tronçons de 6 cm (2 ½ po) de long, puis réservez. Dans une grande casserole, portez à ébullition le bouillon avec le gingembre, le piment, le poivre noir, la purée de tomates, la sauce soja et le vinaigre. Réduisez la température et laissez mijoter 5 min. Pendant ce temps, battez l'œuf dans un bol et ajoutez la coriandre. Faites chauffer l'huile dans une petite poêle, versez-y l'œuf et étalez-le sur le fond de la poêle en une couche fine. Laissez cuire 2 min, jusqu'à ce que l'omelette ait pris. Faites glisser sur une assiette, enroulez et coupez en fines bandelettes. Ajoutez les nouilles et les pousses de bambou à la soupe, et réchauffez 1 min. Transvasez à la louche dans des bols, parsemez de lanières d'oignon et d'omelette. Servez aussitôt.

Voir variantes p. 252

Soupe de poisson sucrée-salée

Pour 4 personnes

Épicée, parfumée au jus d'ananas et garnie de germes de soja croquants, cette soupe vietnamienne se déguste à tout moment de la journée.

2 c. à s. d'huile végétale
2 échalotes, finement hachées
2 gousses d'ail, écrasées
2 c. à c. de racine de gingembre, râpée
2 piments rouges forts (type piments cerises),
   épépinés et hachés
2 tiges de citronnelle, émincées
1,2 litre (5 tasses) de bouillon de légumes
2 c. à c. de pâte de tamarin

1 c. à s. de sucre roux
1 c. à c. de nuoc-mâm
4 tomates mûres, pelées et concassées
200 g (7 oz) d'ananas frais, pelé, sans le trognon
   et coupé en morceaux
500 g (1 lb 2 oz) de poisson blanc à chair ferme,
   coupé en morceaux
2 poignées de germes de soja
Coriandre fraîche

Faites chauffer l'huile dans une grande casserole. Mettez-y les échalotes, l'ail, le gingembre et les piments à revenir 2 min. Ajoutez la citronnelle et le bouillon, puis portez le tout à ébullition. Réduisez la température et laissez mijoter 30 min à couvert. Filtrez le bouillon dans une autre casserole, ajoutez la pâte de tamarin, le sucre et la sauce de poisson, puis mélangez. Ajoutez les tomates et l'ananas et laissez mijoter 3 min. Incorporez le poisson et laissez de nouveau mijoter 2 à 3 min : le poisson doit être cuit.

Transvasez la soupe à la louche dans des bols, et garnissez de germes de soja et de coriandre. Servez aussitôt.

Voir variantes p. 253

Variantes

Laksa aux crevettes

Recette de base p. 227

Laksa au saumon
Suivez la recette de base, en remplaçant les crevettes par 3 filets de saumon sans la peau, coupés en cubes.

Laksa aux crevettes et aux nouilles de riz
Suivez la recette de base, en remplaçant les nouilles de blé par des nouilles de riz.

Laksa aux crevettes et aux oignons nouveaux
Suivez la recette de base, en ajoutant aux germes de soja 1 botte d'oignons nouveaux, émincés.

Laksa au poulet
Suivez la recette de base, en ajoutant au bouillon et au lait de coco 2 escalopes de poulet, sans la peau, coupées en cubes.

Laksa végétarienne
Suivez la recette de base, en supprimant la sauce de poisson et les crevettes, et en assaisonnant avec du sel. Ajoutez 300 g (10 ½ oz) de tofu coupé en cubes et réchauffez 1 min, avant d'ajouter les germes de soja et la coriandre.

Variantes

Bouillon de poulet à la noix de coco

Recette de base p. 229

Bouillon de crevettes à la noix de coco
Suivez la recette de base, en supprimant le poulet. Environ 2 min avant la fin de la cuisson, ajoutez 300 g (10 ½ oz) de crevettes géantes tigrées, crues, décortiquées et déveinées, et laissez mijoter jusqu'à ce qu'elles soient rosées et cuites.

Bouillon de tofu à la noix de coco
Suivez la recette de base, en supprimant le poulet. Ajoutez 300 g (10 ½ oz) de cubes de tofu frits aux oignons nouveaux.

Bouillon de crabe à la noix de coco
Suivez la recette de base, en supprimant le poulet. Ajoutez 2 boîtes de 170 g (6 oz) de chair de crabe aux oignons nouveaux.

Bouillon de légumes à la noix de coco
Suivez la recette de base, en supprimant le poulet. Ajoutez au maïs 1 poivron rouge épépiné et émincé, une poignée de têtes de champignons coupées en deux et 80 g (3 oz) de bouquets de brocolis.

Bouillon de poisson à la noix de coco
Suivez la recette de base, en supprimant le poulet. Environ 2 min avant la fin de la cuisson, ajoutez 300 g (10 ½ oz) de poisson blanc à chair ferme, sans la peau et coupé en cubes.

Variantes

Soupe de miso aux ramen et au thon

Recette de base p. 230

Soupe de miso aux ramen et au tofu

Suivez la recette de base, en supprimant le thon. Ajoutez 250 g (9 oz) de tofu coupé en cubes, réchauffez 1 min, puis servez la soupe garnie d'oignons nouveaux.

Soupe de miso aux ramen et au saumon

Suivez la recette de base, en remplaçant les steaks de thon par 3 filets de saumon sans la peau. Faites revenir de chaque côté 4 min environ : le saumon doit être cuit. Pour la suite, reportez-vous à la recette de base.

Soupe de miso aux ramen et aux crevettes royales

Suivez la recette de base, en supprimant le thon. Environ 2 min avant de servir, ajoutez au bouillon 350 g (12 oz) de crevettes royales crues, décortiquées et déveinées. Poursuivez la cuisson jusqu'à ce qu'elles soient cuites et rosées.

Soupe de miso aux ramen et au poulet grillé

Découpez 3 escalopes de poulet, sans la peau, et découpez en fines lanières. Mélangez 2 gousses d'ail écrasées et 1 c. à s. d'huile de tournesol, puis salez et poivrez. Faites mariner les morceaux de poulet 1 h dans ce mélange. Suivez la recette de base, en supprimant le thon. Faites chauffer une poêle à griller, mettez-y le poulet à cuire 2 min de chaque côté. Déposez sur les nouilles, puis versez le bouillon.

Variantes

Soupe de canard au curry rouge

Recette de base p. 232

Soupe de canard au curry rouge et au riz
Suivez la recette de base. Avant de servir, déposez dans le fond de chaque bol
quelques cuillerées de riz jasmin thaïlandais cuit à l'étuvée, puis versez
la soupe dessus.

Soupe de poulet au curry rouge
Suivez la recette de base, en remplaçant le canard par de l'escalope de poulet,
sans la peau.

Soupe de crevettes au curry rouge
Suivez la recette de base, en supprimant le canard. Ajoutez aux légumes
350 g (12 oz) de crevettes géantes tigrées, crues, décortiquées et déveinées, et
poursuivez la cuisson jusqu'à ce qu'elles soient cuites et rosées.

Soupe de tofu au curry rouge
Suivez la recette de base, en supprimant le canard. Ajoutez aux légumes
250 g (9 oz) de cubes de tofu frits.

Variantes

Bouillon de bœuf aux épices

Recette de base p. 233

Bouillon de poulet aux épices
Suivez la recette de base, avec du bouillon de poule et en remplaçant
la viande de bœuf par 2 escalopes de poulet cuites, sans la peau et coupées
en lanières.

Bouillon de porc aux épices
Suivez la recette de base, avec du bouillon de poule et en remplaçant
la viande de bœuf par 2 longes de porc cuites et coupées en lanières.

Bouillon de crevettes aux épices
Suivez la recette de base, avec du court-bouillon et en remplaçant la viande
de bœuf par 250 g (9 oz) de crevettes géantes tigrées, crues, décortiquées et
déveinées.

Bouillon de crabe aux épices
Suivez la recette de base, avec du bouillon de poisson et en remplaçant
la viande de bœuf par 2 boîtes de 170 g (6 oz) de chair de crabe.

Variantes

Soupe de crabe aigre-douce

Recette de base p. 235

Soupe de crabe aigre-douce aux nouilles

Suivez la recette de base. Vers la fin de la cuisson, faites tremper 5 min
120 g (4 oz) de nouilles de riz dans de l'eau bouillante, égouttez et répartissez
dans les quatre bols. Pour la suite, reportez-vous à la recette de base.

Soupe de poulet aigre-douce

Suivez la recette de base, en remplaçant la chair de crabe par 2 escalopes
de poulet, sans la peau et coupées en lanières.

Soupe de crevettes aigre-douce

Suivez la recette de base, en remplaçant la chair de crabe par 250 g (9 oz)
de crevettes géantes tigrées, cuites, décortiquées et déveinées.

Soupe de tofu aigre-douce

Suivez la recette de base, en remplaçant la chair de crabe par 250 g (9 oz) de
tofu coupé en cubes.

Soupe aigre-douce aux shiitake

Suivez la recette de base, en ajoutant au bouillon filtré 6 champignons
shiitake coupés en quartiers. Laissez mijoter 4 min. Continuez en suivant
la recette de base, mais en supprimant la chair de crabe.

Variantes

Bouillon de bœuf piquant au tofu et aux oignons

Recette de base p. 236

Bouillon de bœuf piquant au tofu et aux légumes
Suivez la recette de base, en ajoutant au tofu 1 grande carotte coupée
en bâtonnets. Avant de verser le bouillon, placez dans chaque bol 1 poignée
de pousses d'épinards.

Bouillon de bœuf piquant au tofu, au chou-fleur et aux oignons
Suivez la recette de base, en remplaçant le chou vert par 100 g (3 ¹/₂ oz)
de bouquets de chou-fleur coupés en morceaux.

Bouillon de bœuf piquant au tofu, aux brocolis et aux oignons
Suivez la recette de base, en remplaçant le chou vert par 100 g (3 ¹/₂ oz)
de bouquets de brocolis coupés en morceaux.

Bouillon de bœuf piquant au maquereau fumé et aux oignons
Ôtez la peau de 2 filets de maquereaux fumés et découpez la chair en
lamelles, en retirant les arêtes. Préparez le bouillon selon la recette de base,
en remplaçant le tofu par les maquereaux fumés.

Bouillon de bœuf piquant au tofu, aux oignons et au riz jasmin
Avant de servir, déposez dans le fond de chaque bol quelques cuillerées
de riz jasmin thaïlandais cuit à l'étuvée, puis versez la soupe.

Variantes

Bouillon fumé aux won-ton

Recette de base p. 239

Bouillon fumé aux won-ton croustillants
Suivez la recette de base. Au lieu de cuire les won-ton à la vapeur, faites-les frire 4 min dans une huile chauffée à 375 °F (190 °C). Déposez ensuite sur du papier absorbant pour ôter l'excédent d'huile, puis déposez dans les bols.

Bouillon fumé au tofu
Suivez la recette de base, en supprimant les won-ton. Avant de servir, ajoutez au bouillon 250 g (9 oz) de tofu, puis réchauffez.

Bouillon fumé aux carottes et aux oignons nouveaux
Suivez la recette de base, en supprimant les won-ton et en faisant mijoter dans le bouillon 1 grande carotte coupée en bâtonnets, 2 min avant de servir.

Bouillon fumé de poulet aux won-ton
Suivez la recette de base, en remplaçant la viande de porc par des filets de poulet émincés.

Bouillon fumé au chou
Suivez la recette de base, en ajoutant, 1 à 2 min avant de servir, 100 g (3 1/2 oz) de chou vert coupé en fines lanières. Laissez mijoter jusqu'à ce qu'il soit tendre.

Variantes

Soupe du Sichuan épicée, omelette à la coriandre

Recette de base p. 240

Soupe du Sichuan épicée au poulet, omelette à la coriandre
Suivez la recette de base, en ajoutant aux nouilles et aux pousses de bambou
2 escalopes de poulet cuites, sans la peau et coupées en fines lanières.

Soupe du Sichuan épicée au tofu, omelette à la coriandre
Suivez la recette de base, en ajoutant aux nouilles et aux pousses de bambou
250 g (9 oz) de tofu coupé en cubes.

Soupe du Sichuan épicée au chou, omelette à la coriandre
Suivez la recette de base, en ajoutant au bouillon 100 g (3 ½ oz) de chou vert
coupé en fines lanières. Laissez mijoter 3 min, avant d'ajouter les nouilles et
les pousses de bambou.

Soupe du Sichuan épicée au poivron rouge, omelette à la coriandre
Suivez la recette de base, en ajoutant aux nouilles et aux pousses de bambou
1 poivron rouge épépiné et coupé en fines lanières.

Variantes

Soupe de poisson sucrée-salée

Recette de base p. 243

Soupe de crevettes sucrée-salée
Suivez la recette de base, en remplaçant le poisson par 350 g (12 oz) de crevettes géantes tigrées, crues, décortiquées et déveinées.

Soupe de poisson sucrée-salée aux pousses de bambou
Suivez la recette de base, en ajoutant au poisson 100 g (3 ½ oz) de pousses de bambou coupées en rondelles.

Soupe de tofu sucrée-salée
Suivez la recette de base, en remplaçant le poisson par 250 g (9 oz) de tofu coupé en cubes. Laissez mijoter 1 min, puis servez.

Soupe de poulet sucrée-salée
Suivez la recette de base, en remplaçant le poisson par 3 escalopes de poulet cuites, sans la peau, coupées en morceaux.

Soupe de poisson sucrée-salée à la mangue
Suivez la recette de base, en remplaçant l'ananas par 2 petites mangues pelées, dénoyautées et coupées en morceaux.

Notes fruitées

Souvent, quand est prononcé le mot « soupe »,

on pense légumes, viande ou poisson, en oubliant

que les fruits sont également des ingrédients

intéressants en la matière, qu'il s'agisse d'une soupe

salée aromatisée à l'orange ou d'une soupe de fruits

servie au dessert.

Soupe de poulet à l'abricot

Pour 4 personnes

Piquante et légère, parfumée à la cannelle et à l'abricot, cette soupe est une variante originale à la soupe de poulet traditionnelle.

2 c. à s. d'huile d'olive
1 oignon, finement haché
3 gousses d'ail, écrasées
2 escalopes de poulet, sans la peau,
    coupées en morceaux
1,2 litre (5 tasses) de bouillon de poule

2 c. à c. de cannelle, en poudre
1 c. à c. de gingembre, en poudre
115 g (4 oz) d'abricots secs, hachés
Sel et poivre noir, moulu
2 c. à s. de menthe fraîche, ciselée
    + un peu pour le service

Faites chauffer l'huile dans une grande casserole. Mettez-y l'ail et l'oignon à revenir 4 min sur feu doux. Ajoutez le poulet, puis versez le bouillon et incorporez la cannelle, le gingembre et les abricots, puis mélangez.

Portez le tout à ébullition. Réduisez la température, couvrez et laissez mijoter 20 min environ : le poulet doit être cuit.

Salez et poivrez au goût. Saupoudrez de persil, puis transvasez la soupe à la louche dans des bols. Servez aussitôt.

Voir variantes p. 274

Soupe de poulet aux pruneaux moelleux

Pour 4 personnes

Cette soupe traditionnelle écossaise constitue un repas complet. L'orge perlé apporte de l'épaisseur et évite les fringales survenant entre les repas.

100 g (3 $\frac{1}{2}$ oz) d'orge perlé
1,2 litre (5 tasses) de bouillon de poule
1 c. à c. de thym, séché
5 baies de genièvre, broyées
3 grands poireaux, émincés

115 g (4 oz) de pruneaux, dénoyautés et coupés en morceaux
350 g (12 oz) de poulet cuit, sans la peau, coupé en morceaux
Poivre noir, moulu

Dans une grande casserole, mettez l'orge, le bouillon, le thym et les baies de genièvre. Portez le tout à ébullition, puis réduisez la température et couvrez. Laissez mijoter 25 min environ : l'orge doit être tendre.

Ajoutez les poireaux, les pruneaux et le poulet dans la casserole. Laissez mijoter à nouveau 10 min environ : les poireaux doivent être tendres. Poivrez, puis transvasez la soupe à la louche dans des bols. Servez aussitôt.

Voir variantes p. 275

Soupe sucrée-salée à la cerise

Pour 4 personnes

Cette soupe hongroise riche et crémeuse est traditionnellement servie en entrée,
en petites parts. Présentez-la dans de jolies tasses posées sur une soucoupe.

900 g (2 lb) de cerises (type morello),
    dénoyautées
140 g (5 oz) de sucre en poudre
2 bâtons de cannelle
40 cl (14 oz) de vin rouge

40 cl (14 oz) d'eau
12 cl (4 oz) de crème 15 %
Jus de citron
Crème 35 %

Mettez les cerises dans une casserole et saupoudrez de sucre. Ajoutez les bâtons de cannelle,
puis versez le vin et l'eau. Portez le tout à ébullition, puis réduisez la température et laissez
mijoter 20 min à couvert.

Retirez les bâtons de cannelle. Incorporez la crème 15 %, rectifiez l'assaisonnement
si nécessaire et ajoutez un peu de jus de citron, au goût. Versez la soupe à la louche dans
des tasses ou dans de petits bols, puis agrémentez d'une cuillerée de crème 35 %. Servez
aussitôt.

Voir variantes p. 276

Soupe de melon au citron vert

Pour 4 personnes

Choisissez des melons mûrs et parfumés pour préparer cette soupe rafraîchissante, servie en entrée des repas estivaux.

3 melons cantaloup
Le jus de 3 oranges

Le jus de ¹/₂ citron ou de 1 citron vert
Menthe fraîche

Coupez les melons en deux et ôtez-en les graines. Mettez la chair dans le bol d'un mixeur. Ajoutez le jus d'orange et actionnez jusqu'à obtention d'une texture lisse.

Versez la soupe dans un saladier et arrosez de jus de citron vert, au goût. Réservez au moins 2 h au frais. Transvasez la soupe à la louche dans des bols, puis parsemez de menthe fraîche. Servez aussitôt.

Voir variantes p. 277

Soupe d'orzo au citron

Pour 4 personnes

En Grèce, cette soupe est nommée *avgolemono*. Crémeuse et acidulée, elle est cuisinée avec de l'orzo (petites pâtes en forme de grains de riz) et épaissie avec des œufs.

1,2 litre (5 tasses) de bouillon de légumes ou
    de poule
100 g (3 ¹/₂ oz) d'orzo
3 œufs

Le jus de 1 citron
Sel et poivre noir, moulu
Persil frais, ciselé

Versez le bouillon dans une grande casserole et portez à ébullition. Ajoutez l'orzo et faites cuire 5 min, jusqu'à ce que les pâtes soient tendres. Retirez la casserole du feu.

Dans un saladier, battez les œufs avec le jus de citron et 1 c. à s. d'eau froide, puis ajoutez progressivement deux louches de bouillon chaud. Sans cesser de remuer, versez le mélange aux œufs dans la casserole de soupe, puis réchauffez.

Hors du feu, salez et poivrez au goût, puis transvasez à la louche dans des bols. Saupoudrez de persil frais ciselé. Servez aussitôt.

Voir variantes p. 278

Soupe de poires au bleu, prosciutto croustillant

Pour 4 personnes

Le piquant du bleu contraste avec la poire sucrée et juteuse, pour un résultat gustatif surprenant et savoureux. Servez cette soupe originale en entrée.

2 c. à s. d'huile de tournesol
1 oignon, haché
4 poires, pelées, épépinées et concassées
75 cl (3 tasses) de bouillon de légumes

90 g (3 oz) de fromage bleu
4 tranches de jambon italien
Poivre noir, moulu

Faites chauffer l'huile dans une grande casserole. Mettez-y l'ail et l'oignon à revenir 4 min sur feu doux. Ajoutez les poires et le bouillon, puis portez le tout à ébullition. Réduisez la température et laissez mijoter 5 min environ à couvert : les poires doivent être tendres. Versez la soupe dans le bol d'un mixeur, ajoutez le bleu et actionnez jusqu'à obtention d'un velouté. Poivrez au goût et réservez au chaud.

Préchauffez une poêle à griller. Déposez les tranches de jambon sur une grille, puis faites-les griller à la poêle jusqu'à ce qu'elles soient croustillantes. Découpez les tranches en petits morceaux. Transvasez la soupe à la louche dans des bols, puis garnissez de morceaux de prosciutto croustillant. Servez aussitôt.

Voir variantes p. 279

Soupe de poulet pimentée au citron vert

Pour 4 personnes

À la différence d'autres soupes où les fruits apportent une touche sucrée, le citron donne ici une saveur acidulée qui sublime les arômes des épices et des herbes.

2 c. à s. d'huile de tournesol
2 échalotes, finement hachées
3 gousses d'ail, écrasées
1 c. à c. de racine de gingembre, râpée
3 piments verts, épépinés et finement hachés

1,2 litre (5 tasses) de bouillon de poule
300 g (10 $^1/_2$ oz) de poulet cuit, sans la peau et coupé en morceaux
Le zeste et le jus de 1 citron vert
Basilic frais, grossièrement ciselé

Faites chauffer l'huile dans une grande casserole. Mettez-y les échalotes, l'ail, le gingembre et les piments à revenir 2 min. Versez le bouillon et portez le tout à ébullition. Réduisez la température et laissez mijoter 15 min à couvert.

Incorporez le poulet et laissez de nouveau mijoter 1 à 2 min. Ajoutez le jus et le zeste de citron vert. Transvasez la soupe à la louche dans des bols, puis parsemez de basilic. Servez aussitôt.

Voir variantes p. 280

Soupe de fraises pimentée

Pour 4 personnes

Servie dans des petits bols, cette soupe piquante et rafraîchissante constitue une entrée très originale. Prête en quelques minutes seulement, elle fera le bonheur de vos convives.

700 g (1 ^{1}/$_2$ lb) de fraises mûres, équeutées
Le jus de 3 oranges
1^1/$_2$ piment rouge, épépiné et haché

Sel
Glaçons (facultatif)
Menthe fraîche

Placez les fraises, le jus d'orange et les piments dans le bol d'un mixeur et actionnez jusqu'à obtention d'un velouté. Ajoutez une pincée de sel et mixez à nouveau.

Versez la soupe dans de petits bols, ajoutez quelques glaçons (facultatif), puis parsemez de menthe fraîche. Servez bien frais.

Voir variantes p. 281

Soupe de poisson à l'orange

Pour 4 personnes

Ce bouillon parfumé à l'orange et garni de morceaux de poisson constitue un plat aussi léger que raffiné, à servir avec du pain frais.

2 c. à s. d'huile de tournesol
1 oignon, finement haché
2 gousses d'ail, écrasées
1,2 litre (5 tasses) de bouillon de poisson
1/2 c. à c. de paprika doux
1 c. à s. de purée de tomates

500 g (1 lb 2 oz) de poisson blanc à chair ferme, coupé en morceaux
1 c. à c. de zeste d'orange
Le jus de 2 oranges
Persil frais, ciselé
Sel et poivre noir, moulu

Faites chauffer l'huile dans une grande casserole. Mettez-y l'ail et l'oignon à revenir 4 min sur feu doux. Ajoutez le bouillon, le paprika et la purée de tomates, et laissez mijoter 5 min environ.

Incorporez le poisson, le zeste et le jus d'orange, et laissez à nouveau mijoter 2 à 3 min, jusqu'à ce que le poisson soit cuit. Salez et poivrez la soupe au goût, puis transvasez à la louche dans des bols et parsemez de persil frais. Servez aussitôt.

Voir variantes p. 282

Soupe de canard à la grenade

Pour 4 personnes

Douce et acidulée à la fois, cette soupe très parfumée associe la saveur fruitée
de la grenade au goût corsé du porto.

2 magrets de canard	1 litre (4 tasses) de bouillon de poule ou
Sel et poivre noir, moulu	de canard
2 échalotes, finement hachées	2 grenades
2 gousses d'ail, écrasées	10 cl (4 oz) de porto
2 c. à s. de farine ordinaire	Persil frais, ciselé

Entaillez en croisillons la peau des magrets et salez. Faites chauffer une poêle antiadhésive.
Ajoutez les magrets, la peau tournée vers le fond, et laissez cuire 10 min. Ôtez la majeure
partie de la graisse, laissez-en 2 c. à s. dans la poêle, retournez les magrets et poursuivez la
cuisson 4 à 5 min. Retirez de la poêle et réservez. Faites revenir les échalotes et l'ail 2 à 3 min
dans la poêle. Ajoutez la farine et poursuivez la cuisson 1 min. Versez peu à peu le bouillon.
Portez le tout à ébullition, puis réduisez la température et laissez mijoter 10 min à couvert.

Pendant ce temps, coupez en deux les grenades. Au-dessus d'un bol, égrainez chaque moitié
de fruit en tapant avec une cuillère en bois sur l'écorce. Réservez un quart des grains. Mettez
le reste dans un tamis au-dessus d'un bol et pressez avec une cuillère pour en extraire le jus.
Versez ce jus ainsi que le porto dans la soupe, salez et poivrez au goût. Coupez les magrets
en lanières, ajoutez-les à la soupe et réchauffez le tout. Saupoudrez de persil et de grains
de grenade. Servez aussitôt.

Voir variantes p. 283

Variantes

Soupe de poulet à l'abricot

Recette de base p. 255

Soupe de poulet aux pruneaux
Suivez la recette de base, en remplaçant les abricots secs par des pruneaux.

Soupe de poulet à l'abricot, semoule persillée
Suivez la recette de base. Avant de servir, faites tremper 140 g (5 oz) de graines de couscous 5 min dans 20 cl (6 oz) d'eau bouillante. Égrainez à la fourchette et ajoutez 1 c. à s. d'huile d'olive et une poignée de persil frais, puis mélangez. Versez la semoule à la cuillère dans chaque bol de soupe.

Soupe de poulet à l'abricot et au miel
Suivez la recette de base, en ajoutant avec les abricots secs 2 c. à c. de miel liquide.

Soupe de poulet aux poivrons et à l'abricot
Suivez la recette de base, en ajoutant avec les abricots 2 poivrons jaunes, épépinés et coupés en morceaux.

Soupe de poulet aux pâtes et à l'abricot
Suivez la recette de base, en ajoutant à la soupe 115 g (4 oz) de vermicelle 3 min avant la fin de la cuisson. Laissez mijoter jusqu'à ce qu'il soit tendre.

Variantes

Soupe de poulet aux pruneaux moelleux

Recette de base p. 257

Soupe de poulet légère aux pruneaux moelleux
Suivez la recette de base, en supprimant l'orge perlé.

Soupe de poulet au riz et aux pruneaux moelleux
Suivez la recette de base, en supprimant l'orge perlé. Mettez 2 c. à s. de riz cuit dans chaque bol, puis versez la soupe.

Soupe de poulet aux pruneaux moelleux et aux herbes aromatiques
Suivez la recette de base, en ajoutant au thym 1 feuille de laurier et 2 c. à c. de persil frais. Saupoudrez la soupe de ciboulette fraîche ciselée avant de servir.

Soupe végétarienne au tempeh et aux pruneaux moelleux
Suivez la recette de base, avec du bouillon de légumes et en remplaçant le poulet par du tempeh (gâteau de soja) coupé en morceaux.

Soupe de poulet aux haricots et aux pruneaux moelleux
Suivez la recette de base, en ajoutant aux poireaux, aux pruneaux et au poulet 400 g (14 oz) de haricots en conserve mélangés, rincés et égouttés.

Variantes

Soupe sucrée-salée à la cerise

Recette de base p. 258

Soupe sucrée-salée froide à la cerise
Suivez la recette de base. Laissez refroidir, puis réservez au moins 3 h au frais avant de servir.

Soupe sucrée-salée à la cerise et au porto
Suivez la recette de base, en remplaçant le vin rouge par 10 cl (4 oz) de porto.

Soupe sucrée-salée à la cerise et au gingembre
Suivez la recette de base, en ajoutant aux bâtons de cannelle
1 1/2 c. à c. de gingembre en poudre.

Soupe sucrée-salée à la cerise et à la vanille
Suivez la recette de base, en ajoutant à la crème 15 % 1 c. à c. d'extrait de vanille.

Soupe sucrée-salée à la cerise et à l'amande
Suivez la recette de base en ajoutant à la crème 15 % 1 c. à c. d'extrait d'amande. Saupoudrez la soupe d'éclats d'amandes grillées avant de servir.

Variantes

Soupe de melon au citron vert

Recette de base p. 261

Soupe de pastèque au citron vert
Suivez la recette de base, en remplaçant les melons par 2 kg (4 ¹/₂ lb)
de pastèque.

Soupe de melon canari au citron vert
Suivez la recette de base, en remplaçant les melons cantaloup
par 2 kg (4 ¹/₂ lb) de melons canari.

Soupe de melon au citron vert et au gingembre
Suivez la recette de base, en ajoutant au moment du mixage
1 c. à c. de racine de gingembre râpée.

Soupe de melon au sorbet de mangue
Suivez la recette de base, en ajoutant 1 boule de sorbet de mangue
dans chaque bol au moment de servir.

Variantes

Soupe d'orzo au citron

Recette de base p. 262

Soupe d'orzo au citron et à la ciboulette
Suivez la recette de base, en remplaçant le persil par de la ciboulette
au moment de servir.

Soupe d'orzo au citron et au chou-fleur
Découpez un petit chou-fleur en petits bouquets. Suivez la recette de base,
en ajoutant le chou-fleur à l'orzo.

Soupe d'orzo au citron et aux épinards
Suivez la recette de base, en ajoutant au bouillon 2 grosses poignées
de pousses d'épinards avant de verser la préparation aux œufs.

Soupe d'orzo au citron et au poulet
Suivez la recette de base, en ajoutant, juste avant la fin de la cuisson,
300 g (10 ^{1}/2 oz) de poulet cuit, sans la peau et coupé en morceaux.

Soupe d'orzo au citron et à la laitue
Suivez la recette de base, en ajoutant au bouillon 1 laitue romaine coupée
en fines lanières, avant d'ajouter la préparation aux œufs.

Soupe de poires au bleu, prosciutto croustillant

Recette de base p. 265

Soupe de poires au chèvre, prosciutto croustillant
Suivez la recette de base, en remplaçant le bleu par du fromage de chèvre.

Soupe de pommes au bleu, prosciutto croustillant
Suivez la recette de base, en remplaçant les poires par des pommes.

Soupe de poires au bleu, prosciutto croustillant et menthe fraîche
Suivez la recette de base, en saupoudrant chaque bol de menthe fraîche
ciselée avant de servir.

Soupe de poires au bleu, toasts à l'ail
Suivez la recette de base, en supprimant le jambon. Avant de servir, faites
griller 8 morceaux de baguette de chaque côté – ils doivent être dorés –,
puis frottez-les avec 1 gousse d'ail coupée en deux et ajoutez quelques
gouttes d'huile d'olive. Servez en accompagnement de la soupe.

Variantes

Soupe de poulet pimentée au citron vert

Recette de base p. 266

Soupe de poulet pimentée au citron vert et aux oignons nouveaux
Suivez la recette de base, en répartissant dans les bols 1 botte d'oignons nouveaux émincés, avant de servir.

Soupe de poulet pimentée aux nouilles et au citron vert
Suivez la recette de base, en ajoutant avec le poulet 120 g (4 oz) de vermicelle. Laissez mijoter jusqu'à ce que les pâtes soient tendres, puis servez dans les bols.

Soupe de crevettes pimentée au citron vert
Suivez la recette de base, en remplaçant le poulet par 300 g (10 $\frac{1}{2}$ oz) de crevettes géantes tigrées, crues, décortiquées et déveinées. Faites-les mijoter jusqu'à ce qu'elles soient cuites et rosées.

Soupe de tofu pimentée au citron vert
Suivez la recette de base, en remplaçant le poulet par 250 g (9 oz) de tofu coupé en cubes.

Soupe de poisson pimentée au citron vert
Suivez la recette de base, en remplaçant le poulet par 300 g (10 $\frac{1}{2}$ oz) de poisson blanc cru. Faites-le mijoter jusqu'à ce qu'il soit cuit.

Variantes

Soupe de fraises pimentée

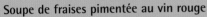

Recette de base p. 269

Soupe de fraises pimentée au vin rouge
Suivez la recette de base, en remplaçant le jus d'orange par 25 cl (8 oz) de vin rouge fruité.

Soupe de fraises pimentée à l'ananas
Suivez la recette de base, en remplaçant le jus d'orange par 25 cl (8 oz) de jus d'ananas.

Soupe de fraises pimentée à la mangue
Suivez la recette de base, avec la moitié des fraises et en ajoutant la chair de 2 mangues mûres, pelées et dénoyautées.

Soupe de fraises pimentée à la pomme
Suivez la recette de base, en remplaçant le jus d'orange par 25 cl (8 oz) de jus de pomme.

Soupe de fraises au champagne
Suivez la recette de base, en supprimant les piments et en remplaçant le jus d'orange par 25 cl (8 oz) de champagne ou de vin pétillant.

Variantes

Soupe de poisson à l'orange

Recette de base p. 270

Soupe de poisson à l'orange et au chorizo
Suivez la recette de base, en faisant frire avec l'ail et l'oignon 50 g (2 oz) de
chorizo coupé en cubes.

Soupe de crevettes à l'orange
Suivez la recette de base, en remplaçant le poisson par 350 g (12 oz) de
crevettes géantes tigrées, crues, décortiquées et déveinées.

Soupe de poisson à l'orange et aux nouilles
Suivez la recette de base, en ajoutant avec le poisson 120 g (4 oz) de
vermicelle.

Soupe de crabe à l'orange
Suivez la recette de base, en remplaçant le poisson par 2 boîtes de
170 g (6 oz) de chair de crabe.

Soupe de canard à la grenade

Recette de base p. 273

Soupe de canard à l'orange
Suivez la recette de base, en supprimant les grenades. Ajoutez 1 c. à c.
de zeste d'orange et le jus de 2 oranges, et assaisonnez au goût avec du jus
de citron.

Soupe de canard à la grenade et au vin rouge
Suivez la recette de base, en remplaçant le porto par du vin rouge.

Crème de canard à la grenade
Suivez la recette de base, en ajoutant 6 c. à s. de crème 35 %
au moment de servir.

Soupe de canard à la grenade et aux herbes aromatiques
Suivez la recette de base, en ajoutant au bouillon 1 feuille de laurier
et 3 branches de thym.

Table des recettes

A

Accompagnements 12
Baguette 12
Brioche 12
Bruschettas 12
Ciabatta 12
Crostini 12
Focaccia 12
Naan 12
Pain 12
Pita 12
Scones 12

B

Bouillon de bœuf à l'orge 63
Bouillon d'agneau à l'orge 75
Bouillon de bœuf à l'orge
et aux tomates 75
Bouillon de bœuf à l'orge,
parfumé à l'origan 75
Bouillon de poulet à l'orge 75
**Bouillon de bœuf au piment,
tortilla chips au fromage 111**
Bouillon d'agneau au piment,
tortilla chips au fromage 129
Bouillon de bœuf
à la tomate 129
Bouillon de dinde au piment,
tortilla chips au fromage 129
Bouillon de porc au piment,
tortilla chips au fromage 129
Bouillon de bœuf
aux pâtes 129
Bouillon de bœuf aux épices 233
Bouillon de crabe
aux épices 248
Bouillon de crevettes
aux épices 248
Bouillon de poulet
aux épices 248
Bouillon de porc
aux épices 248
**Bouillon de bœuf piquant
au tofu et aux oignons 236**
Bouillon de bœuf piquant
au maquereau fumé
et aux oignons 250
Bouillon de bœuf piquant
au tofu, au chou-fleur
et aux oignons 250

Bouillon de bœuf piquant
au tofu, aux oignons
et au riz jasmin 250
Bouillon de bœuf piquant
au tofu, aux brocolis
et aux oignons 250
Bouillon de bœuf piquant
au tofu et aux légumes 250
**Bouillon de crevettes
aux nouilles 153**
Bouillon de crevettes aux nouilles
et basilic frais 165
Bouillon de crevettes aux nouilles
et lait de coco 165
Bouillon de crevettes aux nouilles
et menthe fraîche 165
Bouillon de poulet
aux nouilles 165
**Bouillon de poulet
à la noix de coco 229**
Bouillon de crabe
à la noix de coco 245
Bouillon de crevettes
à la noix de coco 245
Bouillon de légumes
à la noix de coco 245
Bouillon de poisson
à la noix de coco 245
Bouillon de tofu
à la noix de coco 245
Bouillon de poulet au gombo 180
Bouillon de poulet au gombo
et à la menthe fraîche 194
Bouillon de poulet au piment
vert et au gombo 194
Bouillon de poulet aux haricots
verts et au gombo 194
Bouillon végétarien
au gombo 194
Bouillon fumé aux won-ton 239
Bouillon fumé au chou 251
Bouillon fumé au tofu 251
Bouillon fumé aux carottes
et aux oignons nouveaux 251
Bouillon fumé aux won-ton
croustillants 251
Bouillon fumé de poulet
aux won-ton 251
Bouillons 10–11
Bouillon de légumes 10

Bouillon de bœuf 11
Bouillon de poule 10
Court-bouillon 11

C

Cappelletti in brodo 145
Cappelletti in brodo
au poulet 161
Cappelletti in brodo
aux cocos roses 161
Cappelletti in brodo
aux poivrons grillés 161
Fagotini in brodo 161
**Consommé crémeux de poulet
au safran 154**
Consommé crémeux de poulet
aux tomates et au safran 166
Consommé crémeux de poulet
au safran et au persil 166
Consommé crémeux de poulet
au safran et au piment 166
Consommé crémeux de poulet
au safran et aux oignons
nouveaux 166
Consommé de bœuf 215
Consommé de bœuf
au porto 225
Consommé de bœuf
aux oignons nouveaux 225
Consommé de bœuf
aux piments 225
Consommé de poulet 225
Consommé de poulet aux pâtes 49
Consommé crémeux de poulet
aux pâtes 68
Consommé de poulet aux pâtes
et au chorizo 68
Consommé de poulet aux pâtes
et aux abricots 68
Consommé de poulet aux pâtes
et aux oignons nouveaux 68
Consommé épicé de poulet
aux pâtes 68
**Crème d'asperges,
toasts au saumon fumé 208**
Crème d'asperges 222
Crème d'asperges,
toasts à la truite fumée 222
Crème d'asperges,
toasts au caviar 222

Crème d'asperges,
toasts au salami 222
**Crème d'oignons
à la ciboulette 93**
Crème d'oignons à la ciboulette,
toasts à l'ail 105
Crème d'oignons au thym 105
Crème d'oignons au vin blanc
et à la ciboulette 105
Crème d'oignons aux oignons
nouveaux 105
Crème de tomates 149
Crème de tomates
à la coriandre fraîche 163
Crème de tomates
à la menthe fraîche 163
Crème de tomates
et de poivrons 163
Crème de tomates
fraîches 163
Crème de tomates
pimentée 163
Crèmes & velouté 78–107

E

Entrées raffinées 198–225

G

Garnitures 12–15
Agrumes 15
Anneaux d'oignon 15
Bruschettas 13
Crostini 13
Croûtons 13
Glaçons 15
Graines 15
Légumes croustillants 14
Légumes en salade 15
Oignons nouveaux 14
Piments 14
Gaspacho minute 25
Gaspacho classique 41
Gaspacho minute
au basilic 41
Gaspacho minute
et chorizo 41
Gaspacho minute
et croûtons 41
Gaspacho minute
et toasts à l'ail 41

H

Harira 169
  Harira à l'agneau 188
  Harira aux légumes 188
  Harira pimentée 188
  Harira végétarienne 188

I

Ingrédients
  de complément 16-17
  Chutney 17
  Condiments 17
  Crêpes 17
  Crème 16
  Fromage 17
  Jambon 17
  Omelettes 17
  Pesto 16
  Poisson 17
  Sauces 17
  Yaourt 16

L

Laksa aux crevettes 227
  Laksa au poulet 244
  Laksa au saumon 244
  Laksa aux crevettes
    et aux nouilles de riz 244
  Laksa aux crevettes
    et aux oignons nouveaux 244
  Laksa végétarienne 244

M

Minestrone 146
  Minestrone au bacon 162
  Minestrone au pesto 162
  Minestrone au poulet 162
  Minestrone aux flageolets 162
  Minestrone aux haricots
    verts 162
Mulligatawny 172
  Mulligatawny à l'agneau 190
  Mulligatawny à la menthe
    fraîche 190
  Mulligatawny allégé 190
  Mulligatawny au poulet 190
  Mulligatawny aux tomates 190

N

Notes fruitées 254-283

P

Plats uniques 108-137
Potage aux pâtes et boulettes
  de viande 116
  Potage aux pâtes, aux boulettes
    de viande et aux flageolets 132
  Potage aux pâtes
    et aux flageolets 132
  Potage aux pâtes et boulettes
    de dinde 132
  Potage aux pâtes et boulettes
    de porc 132
Potage aux haricots verts, toasts
  au thon et tapenade 59
  Potage aux fèves, toasts au thon
    et tapenade 73
  Potage aux haricots d'Espagne,
    toasts au thon et tapenade 73
  Potage aux haricots verts 73
  Potage végétarien aux haricots
    verts, toasts aux œufs
    et tapenade 73
Potage aux tubercules 67
  Potage à la betterave
    et autres tubercules 77
  Potage aux tubercules
    et au bacon 77
  Potage aux tubercules
    et aux haricots noirs 77
  Velouté aux tubercules 77
Potage de chou-fleur
  et de pommes de terre 183
  Potage de chou-fleur
    et de carottes 195
  Potage de chou-fleur
    et de pommes de terre,
    accompagné de naan 195
  Potage de chou-fleur
    et de pommes de terre, yaourt
    et chutney de mangue 195
  Potage de chou-fleur,
    de pommes de terre
    et de pois chiches 195
  Velouté de chou-fleur
    et de pommes de terre 195
Potage de la mer 109
  Potage de la mer
    à la coriandre fraîche 128
  Potage de la mer
    à la menthe fraîche 128

Potage de la mer
  au curry 128
Potage de la mer
  aux crevettes roses 128
Potage de la mer parfumé 128
Potage thaï de courge grillée
  au lait de coco 176
  Potage thaï de courge grillée
    au lait de coco et aux noix
    de cajou 192
  Potage thaï de courge grillée
    au poulet et au lait
    de coco 192
  Potage thaï de courge grillée
    aux crevettes et au lait
    de coco 192
  Potage thaï de courge grillée
    aux pâtes et au lait
    de coco 192
  Velouté thaï de courge grillée
    au lait de coco 192

R

Ribollita 56
  Ribollita au chou noir 72
  Ribollita aux haricots 72
  Ribollita épicée 72
  Ribollita et ciabatta 72
  Ribollita riche en légumes 72

S

Saveurs d'Asie 226-253
Service 12-17
Soupe aigre-douce au chou rouge
  et au bacon 55
  Soupe aigre-douce
    au chou rouge 71
  Soupe aigre-douce
    au chou rouge, à la betterave
    et au bacon 71
  Soupe aigre-douce
    au chou rouge,
    aux pois chiches
    et au bacon 71
  Soupe épicée aigre-douce
    au chou rouge et au bacon 71
  Soupe fruitée aigre-douce
    au chou rouge et au bacon 71
Soupe betterave-orange,
  crème sure 34

Soupe betterave-orange,
  crème sure avec morceaux 46
Soupe betterave-orange,
  crème sure et vodka 46
Soupe épicée betterave-orange,
  crème sure 46
Soupe minute betterave-orange,
  crème sure 46
Soupe carotte-poireau-pomme
  de terre 52
  Soupe carotte-poireau-
    betterave 70
  Soupe carotte-poireau-pomme
    de terre à la moutarde 70
  Soupe carotte-poireau-pomme
    de terre à la tomate
    et au fromage 70
  Soupe carotte-poireau-pomme
    de terre à la tomate 70
  Soupe carotte-poireau-pomme
    de terre au fromage 70
Soupe concombre-yaourt 26
  Soupe concombre-yaourt
    au citron 42
  Soupe concombre-yaourt
    au poivron rouge 42
  Soupe concombre-yaourt
    aux herbes aromatiques 42
  Soupe concombre yaourt
    et toasts pita 42
Soupe d'orzo au citron 262
  Soupe d'orzo au citron
    et à la ciboulette 278
  Soupe d'orzo au citron
    et à la laitue 278
  Soupe d'orzo au citron
    et au chou-fleur 278
  Soupe d'orzo au citron
    et au poulet 278
  Soupe d'orzo au citron
    et aux épinards 278
Soupe de calmars aux piments 179
  Potage de calmars
    aux piments 193
  Soupe de calmars
    au gingembre 193
  Soupe de calmars aux piments
    et à l'ail 193
  Soupe de calmars aux piments
    et à la coriandre 193

Soupe de canard à la grenade 273
   Crème de canard à la grenade 283
   Soupe de canard à l'orange 283
   Soupe de canard à la grenade
     et au vin rouge 283
   Soupe de canard à la grenade
     et aux herbes aromatiques 283
Soupe de canard
   au curry rouge 232
   Soupe de canard
     au curry rouge et au riz 247
   Soupe de crevettes
     au curry rouge 247
   Soupe de poulet
     au curry rouge 247
   Soupe de tofu
     au curry rouge 247
Soupe de carottes aux épices 175
   Soupe de carottes aux épices,
     crème sure 191
   Soupe de carottes aux épices
     et à la harissa 191
   Soupe de carottes aux épices
     et à la menthe 191
   Soupe de carottes aux épices
     et aux poivrons rouges 191
   Soupe de carottes froide
     aux épices 191
Soupe de crabe à la noix de coco
   et aux épices 202
   Soupe de crabe à la noix de coco,
     au riz et aux épices 218
   Soupe de crabe à la noix de coco,
     aux pâtes et aux épices 218
   Soupe de crevettes à la noix
     de coco et aux épices 218
   Soupe de saumon à la noix
     de coco et aux épices 218
Soupe de crabe au maïs 142
   Soupe de crabe au maïs
     et au poivron vert 160
   Soupe de crabe au maïs
     et aux oignons nouveaux 160
   Soupe de crevettes au maïs 160
   Soupe de moules au maïs 160
   Soupe de thon au maïs 160
Soupe de crabe aux épices 235
   Soupe aigre-douce
     aux shiitake 249
   Soupe de crabe
     aigre-douce
     aux nouilles 249
   Soupe de crevettes
     aigre-douce 249

Soupe de poulet aigre-douce 249
Soupe de tofu aigre-douce 249
Soupe de crevettes tigrées
   au gingembre 187
   Soupe de crevettes tigrées
     au gingembre
     et à la ciboulette 197
   Soupe de crevettes tigrées
     au gingembre
     et à la menthe fraîche 197
   Soupe de saumon
     au gingembre 197
   Soupe parfumée de crevettes
     tigrées au gingembre 197
   Soupe pimentée de crevettes
     tigrées au gingembre 197
Soupe de fèves et de haricots
   mange-tout 204
   Soupe de fèves et de haricots
     mange-tout à la menthe 219
   Soupe de fèves et de haricots
     mange-tout au bacon 219
   Soupe de fèves et de haricots
     mange-tout au chorizo 219
   Soupe de fèves et de haricots
     mange-tout au parmesan 219
   Soupe de fèves et de haricots
     mange-tout aux épinards 219
Soupe de fraises pimentée 269
   Soupe de fraises pimentée
     à l'ananas 281
   Soupe de fraises pimentée
     à la mangue 281
   Soupe de fraises pimentée
     à la pomme 281
   Soupe de fraises pimentée
     au champagne 281
   Soupe de fraises pimentée
     au vin rouge 281
Soupe de haddock aux haricots
   mange-tout 115
   Soupe de haddock aux haricots
     mange-tout et au poivron
     vert 131
   Soupe de haddock aux haricots
     mange-tout et bacon 131
   Soupe de haddock aux haricots
     mange-tout et riz 131
   Soupe de haddock aux petits
     pois 131
   Soupe de haddock épicée
     aux haricots mange-tout 131
Soupe de haricots noirs, crème sure
   à la coriandre 60

Soupe de cocos, crème sure
   à la coriandre 74
Soupe de haricots noirs,
   crème sure au persil 74
Soupe de haricots noirs
   à la tomate, crème sure
   à la coriandre 74
Soupe de haricots noirs
   et tortillas, crème sure
   aux oignons nouveaux 74
Soupe de haricots rouges,
   crème sure à la coriandre 74
Soupe de laitue aux oignons
   nouveaux 37
   Soupe de laitue aux asperges
     et aux oignons nouveaux 47
   Soupe de laitue aux épinards
     et aux oignons nouveaux 47
   Soupe de laitue aux pois
     et aux oignons nouveaux 47
   Soupe de laitue citronnée
     aux oignons nouveaux 47
Soupe de melon au citron vert 261
   Soupe de melon au citron vert
     et au gingembre 277
   Soupe de melon au sorbet
     de mangue 277
   Soupe de melon canari
     au citron vert 277
   Soupe de pastèque
     au citron vert 277
Soupe de miso aux ramen
   et au thon 230
   Soupe de miso aux ramen
     et au poulet grillé 246
   Soupe de miso aux ramen
     et aux crevettes royales 246
   Soupe de miso aux ramen
     et au saumon 246
   Soupe de miso aux ramen
     et au tofu 246
Soupe de moules au vin blanc 90
   Soupe de crabe au vin blanc 104
   Soupe de moules au cidre 104
   Soupe de moules
     au vermouth 104
   Soupe de moules au vin blanc
     et à la ciboulette 104
   Soupe de moules au vin blanc
     et aux échalotes 104
Soupe de palourdes
   au vermicelle 123
   Soupe de crevettes roses
     au vermicelle 135

Soupe de moules
   au vermicelle 135
Soupe de poisson
   au vermicelle 135
Soupe de poulet
   au vermicelle 135
Soupe de panais au curry 171
   Soupe de betteraves
     au curry 189
   Soupe de carottes au curry 189
   Soupe de panais au curry
     (variante) 189
   Soupe de panais et de carottes
     au curry 189
Soupe de petits pois, toasts
   au prosciutto 201
   Soupe de petits pois,
     toasts au saumon fumé 217
   Soupe de petits pois,
     toasts aux anchois
     et aux œufs de caille 217
   Soupe de petits pois,
     toasts aux artichauts 217
   Soupe de petits pois,
     toasts aux asperges 217
   Soupe de petis pois,
     toasts aux asperges
     et au prosciutto 217
Soupe de poires au bleu,
   prosciutto croustillant 265
   Soupe de poires au bleu,
     prosciutto croustillant 279
   Soupe de poires au bleu,
     prosciutto croustillant
     et menthe fraîche 279
   Soupe de poires au bleu,
     toasts à l'ail 279
   Soupe de poires au chèvre,
     prosciutto croustillant 279
Soupe de pois chiches aux épices
   et au citron 141
   Soupe de cocos roses aux épices
     et au citron 159
   Soupe de flageolets aux épices
     et au citron 159
   Soupe de mogettes aux épices
     et au citron 159
   Soupe de pois chiches au piment
     et au citron 159
   Soupe de pois chiches aux épices,
     au citron et à la coriandre
     fraîche 159
Soupe de pois chiches
   aux pâtes 184

Soupe de flageolets
aux pâtes 196
Soupe de haricots rouges
aux pâtes 196
Soupe de pois chiches
au vermicelle 196
Soupe de pois chiches
aux pâtes et au bacon 196
Soupe de pois chiches
aux piments verts
et aux pâtes 196
Soupe de poisson à l'orange 270
Soupe de crabe à l'orange 282
Soupe de crevettes
à l'orange 282
Soupe de poisson à l'orange
et au chorizo 282
Soupe de poisson à l'orange
et aux nouilles 282
Soupe de poisson sucrée-salée 243
Soupe de crevettes
sucrée-salée 253
Soupe de poisson sucrée-salée
à la mangue 253
Soupe de poisson sucrée-salée
aux pousses de bambou 253
Soupe de poulet
sucrée-salée 253
Soupe de tofu sucrée-salée 253
**Soupe de poivrons au saumon
et au basilic 127**
Soupe de poivrons au basilic 224
Soupe de poivrons au saumon
et à la ciboulette 224
Soupe de poivrons au saumon
et à la menthe fraîche 224
Soupe de poivrons aux crevettes
royales et au basilic 224
Soupe froide de poivrons 224
**Soupe de porc aux pois chiches
et à l'orange 137**
Soupe d'agneau aux pois chiches
et à l'orange 137
Soupe de porc aux flageolets
et à l'orange 137
Soupe de poulet aux pois chiches
et à l'orange 137
Soupe aux pois chiches
et à l'orange 137
Soupe de poulet à l'abricot 255
Soupe de poulet à l'abricot,
semoule persillée 274
Soupe de poulet à l'abricot
et au miel 274

Soupe de poulet aux pâtes
et à l'abricot 274
Soupe de poulet aux poivrons
et à l'abricot 274
Soupe de poulet
aux pruneaux 274
**Soupe de poulet aux pruneaux
moelleux 257**
Soupe de poulet au riz
et aux pruneaux moelleux 275
Soupe de poulet légère
aux pruneaux moelleux 275
Soupe de poulet aux haricots
et aux pruneaux moelleux 275
Soupe de poulet aux pruneaux
moelleux aux herbes
aromatiques 275
Soupe végétarienne au tempeh
et aux pruneaux moelleux 275
**Soupe de poulet pimentée
au citron vert 266**
Soupe de poisson pimentée
au citron vert 280
Soupe de poulet pimentée
au citron vert et aux oignons
nouveaux 280
Soupe de poulet pimentée
aux nouilles
et au citron vert 280
Soupe de tofu pimentée
au citron vert 280
Soupe de pousses de printemps 150
Soupe d'épinards
et de roquette 164
Soupe de pousses de printemps,
bruschettas à l'artichaut 164
Soupe de pousses de printemps
au cresson 164
Soupe de pousses de printemps
aux oignons rouges 164
**Soupe de tomates cerises
aux pétoncles et à la vodka 199**
Soupe de tomates cerises
à la vodka 216
Soupe de tomates cerises
aux calmars et à la vodka 216
Soupe de tomates cerises
aux pétoncles, à l'ail
et à la vodka 216
**Soupe du Sichuan épicée,
omelette à la coriandre 240**
Soupe du Sichuan épicée
au chou, omelette
à la coriandre 252

Soupe du Sichuan épicée
au poivron rouge,
omelette à la coriandre 252
Soupe du Sichuan épicée
au poulet, omelette
à la coriandre 252
Soupe du Sichuan épicée
au tofu, omelette
à la coriandre 252
**Soupe épicée à la saucisse
et aux cocos roses 119**
Bouillon épicé à la saucisse
et aux cocos roses 133
Soupe aux cocos roses 133
Soupe épicée à la saucisse,
aux cocos roses
et aux poivrons grillés 133
Soupe parfumée
à la saucisse
et aux cocos roses 133
**Soupe épicée lentilles-pois chiches
au chorizo 51**
Soupe épicée lentilles-flageolets
au chorizo 69
Soupe épicée épaisse lentilles-
pois chiches au chorizo 69
Soupe épicée lentilles-pois
chiches 69
Soupe épicée lentilles-pois
chiches, chorizo et coriandre
fraîche 69
**Soupe épicée poulet-patate douce
au lait de coco 124**
Soupe épicée crevettes-patate
douce au lait de coco 136
Soupe épicée porc-papate
douce au lait de coco 136
Soupe épicée poulet-patate
douce-épinards au lait
de coco 136
Soupe épicée poulet-pomme
de terre au lait de coco 136
Soupe épicée poulet-potiron
au lait de coco 136
Soupe fraîche à l'oseille 33
Soupe fraîche à l'oseille
et à la ciboulette 45
Soupe fraîche à l'oseille
et aux épinards 45
Soupe fraîche à l'oseille aux pousses
de printemps 45
Soupe glacée à l'oseille 45
**Soupe glacée à l'avocat,
sauce tomate épicée 21**

Soupe chaude à l'avocat,
sauce tomate épicée 39
Soupe glacée à l'avocat,
sauce tomate épicée
et crème sure 39
Soupe glacée à l'avocat,
sauce tomate épicée
et tortillas croustillantes 39
Soupe glacée à l'avocat,
toasts à la sauce tomate
épicée 39
Soupe glacée orange-carotte 19
Soupe crémeuse orange-
carotte 38
Soupe glacée orange-carotte
à la coriandre 38
Soupe glacée orange-poireau-
carotte 38
Soupe glacée orange-poivron-
carotte 38
Soupe glacée orange-tomate-
carotte 38
**Soupe glacée tomate-basilic,
sorbet à la tomate 29**
Crème de tomate au basilic 43
Soupe glacée tomate-basilic,
sorbet à la tomate
(recette rapide) 43
Soupe glacée tomate-herbes
aromatiques, sorbet
à la tomate 43
Soupe glacée tomate-menthe,
sorbet à la tomate 43
**Soupe marocaine à l'agneau,
couscous à la menthe 112**
Soupe marocaine à l'agneau
et au poivron, couscous
à la menthe 130
Soupe marocaine à l'agneau
et aux pruneaux, couscous
à la menthe 130
Soupe marocaine au poisson,
couscous à la menthe 130
Soupe marocaine au poulet,
couscous à la menthe 130
Soupe marocaine aux pois chiches,
couscous à la menthe 130
Soupe méditerranéenne 64
Soupe méditerranéenne
au pesto 76
Soupe méditerranéenne
au parmesan 76
Soupe méditerranéenne
aux haricots verts 76

Soupe méditerranéenne
aux pâtes 76
Soupe méditerranéenne
et bruschettas au pesto 76
Soupe mentholée aux pois 30
Soupe mentholée aux pois,
bacon croustillant 44
Soupe mentholée aux pois,
prosciutto 44
Soupe mentholée aux pois,
saumon fumé 44
Soupe mentholée aux pois
allégée 44
Soupe mentholée aux pois
« chaud devant » 44
**Soupe-risotto de courge grillée
au fromage de chèvre 120**
Soupe-risotto de betteraves
grillées au fromage
de chèvre 134
Soupe-risotto de courge
grillée au fromage bleu 134
Soupe-risotto de courge
grillée au thym et au fromage
de chèvre 134
Soupe-risotto de courge
grillée aux câpres
et à la ciboulette 134
Soupe sucrée-salée à la cerise 258
Soupe sucrée-salée à la cerise
et à l'amande 276
Soupe sucrée-salée à la cerise
et à la vanille 276
Soupe sucrée-salée à la cerise
et au gingembre 276
Soupe sucrée-salée à la cerise
et au porto 276
Soupe sucrée-salée froide
à la cerise 276
Soupes « coup de fouet » 48-77
Soupes épicées 168-197
Soupes express 138-167
Soupes fraîches et glacées 18-47

U
Ustensiles 8-9
Balance 8
Casserole 8
Chinois 9
Couteaux 8
Cuillères en bois 9
Cuillères-mesure 8
Écumoire 9
Épluche-légumes 8

Planche à découper 8
Presse-ail 8
Presse-purée 9
Râpe 8
Robot ménager 9
Tamis 9
Verres doseurs 8

V
**Velouté d'amandes à l'ail
et raisins frais 82**
Velouté d'amandes à l'ail, raisins
frais et menthe fraîche 100
Velouté d'amandes à l'ail, raisins
frais et oignons nouveaux 100
Velouté d'amandes à l'ail, raisins
frais et persil frais 100
Velouté d'amandes à l'ail,
toasts à l'ail 100
Velouté de noisettes à l'ail
et raisins frais 100
**Velouté d'artichauts, toasts
aux anchois 205**
Velouté d'artichauts 220
Velouté d'artichauts,
toasts à l'ail 220
Velouté d'artichauts
à la ciboulette,
toasts aux anchois 220
Velouté d'artichauts au citron,
toasts aux anchois 220
**Velouté d'épinards à la noix
de coco 85**
Crème d'épinards 101
Velouté de brocolis à la noix
de coco 101
Velouté d'épinards à la noix
de coco, recette thaïe 101
Velouté d'épinards à la noix
de coco et au curry 101
**Velouté de brocolis, toasts
au parmesan 139**
Potage de brocolis, toasts
au parmesan 158
Velouté de brocolis et d'épinards,
toasts au parmesan 158
Velouté de brocolis
et de courgettes, toasts
au parmesan 158
Velouté de chou-fleur, toasts
au parmesan 158
Velouté de chou-fleur
et de brocolis, toasts
au parmesan 158

Velouté de céleri au xérès 157
Velouté de céleri au faisan
et au xérès 167
Velouté de céleri au poulet
et au xérès 167
Velouté de céleri au vin blanc 167
Velouté de céleri et de tomates
au xérès 167
Velouté de fenouil au xérès 167
**Velouté de champignons sauvages
à la sauge 81**
Velouté de bolets à la sauge 99
Velouté de champignons
sauvages, toasts à l'ail 99
Velouté de champignons
sauvages à la sauge
et bacon croustillant 99
Velouté de champignons
sauvages au thym 99
Velouté de champignons
sauvages et de poulet
à la sauge 99
Velouté de courgettes à l'aneth 89
Velouté de courges à l'aneth 103
Velouté de courgettes
à la ciboulette 103
Velouté de courgettes
et d'épinards à l'aneth 103
Velouté de courgettes
et de brocolis à l'aneth 103
Velouté froid de courgette
à l'aneth 103
Velouté de cresson 94
Velouté de cresson
aux oignons nouveaux 106
Velouté de cresson
et d'épinards 106
Velouté de cresson
sans produits lactés 106
Velouté froid de cresson 106
Velouté de fenouil au bleu 79
Velouté de céleri au bleu
et à la ciboulette 98
Velouté de fenouil, toasts
au fromage de chèvre 98
Velouté de fenouil au bleu,
toasts à la poire 98
Velouté de fenouil au fromage
de chèvre 98
Velouté de fenouil et de céleri
au bleu 98
Velouté de fenouil au vermouth 207
Velouté de céleri
au vermouth 221

Velouté de fenouil
au vermouth
et à la ciboulette 221
Velouté de fenouil
au vermouth et au romarin 221
Velouté de fenouil
au vin blanc 221
**Velouté de pommes de terre
à l'ail 97**
Velouté de pommes de terre
à l'ail et à la sauge 107
Velouté de pommes de terre
à l'ail et bacon croustillant 107
Velouté de pommes de terre
à l'ail et chips 107
Velouté de pommes de terre
et de carottes à l'ail 107
Velouté de pommes de terre
et de poireaux à l'ail 107
**Velouté de poivrons grillés
au mascarpone 86**
Velouté de poivrons grillés
à la crème fraîche 102
Velouté froid de poivrons grillés
au mascarpone 102
Velouté de poivrons grillés
au mascarpone
et à la ciboulette 102
Velouté épicé de poivrons grillés
au mascarpone 102
Velouté tricolore de poivrons
grillés au mascarpone 102
**Velouté muscadé de bolets
au xérès 211**
Velouté muscadé de bolets
au vin blanc 223
Velouté muscadé de bolets
au xérès, toasts au bleu
et aux noix 223
Velouté muscadé de bolets
au xérès, toasts au fromage
de chèvre 223
Velouté muscadé de bolets
au xérès et au thym 223
Velouté muscadé de bolets frais
au xérès 223
Vichyssoise 22
Soupe poireaux-pommes
de terre 40
Vichyssoise à la menthe
fraîche 40
Vichyssoise et toasts
ail-ciboulette 40
Vichyssoise extra-crémeuse 40